ありがたい植物

日本人の健康を支える野菜・果物・マメの不思議な力

田中 修

幻冬舎新書
441

はじめに

私たちは、植物たちから、多大の恩恵を受けています。特に、食生活は、植物たちの存在なくしては成り立ちません。すべての食べ物が植物たちによって賄《まかな》われているからです。「動物のお肉も食べているではないか」と思われても、そのお肉のもとをたどれば、植物たちがつくりだしたものに行きつきます。

昔、食糧が不足しており、食べ物はただ空腹を満たすだけの時代がありました。やがて、食糧が豊かになると、食べ物においしさが求められる時代となりました。現在では、食べ物は、おいしさに加えて、健康に良いことが求められる時代へと移り変わっています。

植物たちは、どの時代においても、私たちの願いに応えて、食べ物を供給してくれています。私たちの願いをかなえて、空腹を満たし、求められるおいしさを満足させ、健康に貢献してくれる植物たちに感謝しなければなりません。植物たちに対して、〝ありがたい〟という言葉が心に湧き上がってきます。

二〇一五年、厚生労働省が、二〇一二年に行われた「国民健康・栄養調査」をもとに、「日本人における野菜の摂取量ランキング」を発表しました。本書では、このランキングの第一位から第二〇位までの野菜を中心に取り上げます。それに加えて、遠い昔から、和食の素材として私たちの暮らしを支えてきた野菜や果物たちを紹介します。

本書で取り上げることができる植物の数が限られているのは残念ですが、それぞれの植物について、健康への貢献、私たちの生活を潤してくれる話題などを紹介します。私たちとともに生きてきた植物たちへの感謝の気持ちを、〝ありがたい〟という語に込めました。

植物たちが〝ありがたい〟存在であることはたしかです。でも、その〝ありがたさ〟を引き出すのは、私たち人間の力です。植物たちを栽培して収穫し、それらがどのような成分をもち、それが私たちの健康にどのように役立つのかを明らかにしていくのは、私たち人間なのです。特に、近年、多くの植物で、どのように健康に貢献するかが解き明かされつつあります。私たち人間によって、植物たちの〝ありがたさ〟がますます増してくるのです。

「二一世紀は、私たち人類と植物たちとの共存・共生の時代」といわれます。植物たちへの〝ありがたい〟という感謝の気持ちをたしかなものにして、共存・共生を超えて、共に栄える〝共栄の時代〟としなければなりません。本書が、そのためのはずみになってくれることを願っています。

二〇一六年一〇月一九日

田中　修

ありがたい植物／目次

第二章 和食パワーの脇役は？ 69

第三章 和食パワーを助ける果物 117

DTP　美創

第一章

日本人の寿命の不思議

① なぜ、日本人は長生きするのか？

長寿のお祝い「樹寿」とは？

日本人の平均寿命は、どんどん延びています。「縄文時代では約二〇歳、弥生時代には約三〇歳、戦国時代から江戸時代には約四〇歳であった」といわれています。このような時代、数字の上で平均寿命がたいへん低くなっているのは、乳幼児が多く亡くなったことが大きな一因です。ですから、その時代でも、寿命の長かった人はいます。

歴史的によく知られている人では、平安時代の天台宗の僧で、最近は作者でないといわれていますが、「鳥獣戯画」の作者とされてきた鳥羽僧正が亡くなったのは、八八歳です。また、鎌倉時代の浄土真宗の開祖、親鸞聖人は九〇歳まで生きています。

僧侶には長寿の方が多く、室町時代の臨済宗の僧、「とんちの一休さん」で知られる一休宗《そう》純《じゅん》は八八歳まで生きました。安土桃山時代から江戸時代の前期を生きた天台宗の僧、天海が亡くなったのは、一〇八歳です。

僧侶だけでなく、武将にも長寿であった人はいます。たとえば、戦国時代の北条早雲は八八歳まで生き、安土桃山時代から江戸時代の初期を生きぬいた真田幸村の兄として知られる真田信之が亡くなったのは、九三歳です。ちなみに、豊臣秀吉は六三歳、徳川家康は七五歳まで生きています。絵師では、「富嶽三十六景」で知られる、江戸時代の浮世絵師、葛飾北斎は九〇歳まで生きています。

女性にも、長寿の方はいます。たとえば、聖徳太子が摂政として仕えた、飛鳥時代の第三三代の推古天皇は、七五歳まで生きました。幕末の女流歌人である太田垣蓮月が亡くなったのは八五歳であり、豊臣秀吉の正室である「ねね」は七五歳まで生きています。

明治・大正時代には、男女ともに平均寿命は約四五歳となり、昭和の戦後には男女とも平均寿命は五〇歳を超えました。その後は、さらに寿命が延び、二〇一四年七月に、厚生労働省は「二〇一三年の日本人の平均寿命は、女性が八六・六一歳、男性は八〇・二一歳である」と発表しました。

日本人が長寿であることは、世界的にもすでに認められています。二〇一五年五月に、世界保健機関（ＷＨＯ）は、「世界保健統計」で、二〇一三年の世界の国々の平均寿命を発表しました。

それによると、日本人の男性と女性を合わせた平均寿命は、約八四歳で、世界最長でした。また、世界保健機関は、二〇一六年版の「世界保健統計」の中で、二〇一五年の男女合わせた日本人の平均寿命は、八三・七歳で、世界一であると発表しました。

　また、日本の女性は、一九八五年から二六年連続で、世界一の長寿をずっと守ってきた歴史があります。二〇一一年には、東日本大震災の影響で第一位の座をおりましたが、二〇一二年には、再び世界一に返り咲きました。二〇一六年、厚生労働省の発表によると、二〇一五年の日本の平均寿命は、女性で八七・〇五歳、男性で八〇・七九歳で、それぞれ世界第二位、第四位でした。

「現在、何歳まで生きられるのだろうか」という疑問に答えるように、二〇一四年、厚生労働省は、「平成二五年生まれの人では、女性の四七・二パーセント、男性の二三・一パーセントが九〇歳を超える」と発表しています。また、「九五歳まで生きられるのは、女性では二三・四パーセント、男性では八・一パーセント」と予想しています。

　二〇一五年、敬老の日を前に発表された総務省の調査では、「八〇歳以上の人が、一〇〇〇万人を超える」と推計されました。厚生労働省の調査では、一〇〇歳以上の人は、統計がとられはじめた一九六三年には、わずか一五三人でした。一九九八年に一万人を超え、二〇〇九年に四万人を超え、二〇一二年には五万人を突破しました。二〇一五年には、六万一五六八人で、初めて六万人を超えました。二〇一六年には、六万五六九二人となり、このうち、女性が八七・六パーセントを占めています。

　厚生労働省は、これまでは、一〇〇歳を超えた人のお祝いに純銀製の「銀杯」を贈ってきました。でも、あまりに人数が多くなったからでしょうか、「二〇一六年から純銀製のものが銀メッキのものに変更される」と報道されました。一〇〇歳を超える値打ちが、純銀から銀メッキになってしまったようで、少しさびしい気がします。

長寿を象徴する言葉として、「ツルは千年、カメは万年」といわれます。しかし、飼育されている場合の実際の寿命は、ツルは八〇～九〇年、カメは一五〇～二〇〇年といわれます。ですから、私たちは、長寿のシンボルであるツルの寿命を追い抜こうとしているのです。

長寿のお祝いには、一〇年ごとに、六〇歳の「還暦」、七〇歳の「古希」、八〇歳の「傘寿」、九〇歳の「卒寿」などがあります。また、長寿のぞろ目の年を祝って、七七歳の「喜寿」、八八歳の「米寿」、九九歳の「白寿」があります。でも、長い間、六六歳のお祝いはありませんでした。

そこで、二〇〇二年、日本百貨店協会が植物の明るく元気な緑のイメージにちなみ、六六歳を「緑寿」として祝おうと提案しました。この年には、六五歳以上の人が約二四〇〇万人で、総人口の約二〇パーセントでした。その後ますます、六五歳以上の人は増え続けることを見込んで、「多くの人々に、六六歳のお祝いに何かを買ってもらおう」ということでしょう。

植物たちにちなんで新しい慶寿のお祝いの呼び名を「緑寿」にするなら、私は、「樹木の『樹』と『寿』で『樹寿《じゅじゅ》』というお祝いをつくってはどうか」と、ある著書で提案しました。

でも、残念ながら、この言葉は広く受け入れられていません。

樹寿は、何百年、何千年と生きる樹木の寿命にあやかっています。樹齢の長い樹木は、多く知られています。石川県加賀市の栢野《かやの》大杉の樹齢は、約二三〇〇年といわれます。これは、「栢野の大スギ」の名称で国の天然記念物に指定されています。鹿児島県屋久島の「縄文杉」は、樹齢約二五〇〇年といわれたり、三〇〇〇年以上といわれたりします。

「日本三大サクラ」といわれるサクラの樹齢は、いずれもすごいものです。福島県の「三春滝桜」とよばれるベニシダレザクラは樹齢一〇〇〇年以上、岐阜県の「根尾谷淡墨桜《ねおたにうすずみざくら》」とよばれるエドヒガンザクラは樹齢約一五〇〇年、山梨県の「山高神代桜《やまたかじんだいざくら》」とよばれるエドヒガンザクラは樹齢約一八〇〇年とか二〇〇〇年以上とかいわれます。

日本だけでなく、世界でも、長寿の樹木は多くあります。アメリカのレッドウッド国立公園には、樹齢約二二〇〇年のセコイアがあります。アメリカの西海岸には、「世界最長寿の樹」といわれる樹齢約四七〇〇年の「ブリッスルコーン・パイン」とよばれるマツがあります。

では、「樹寿」とは、何歳のお祝いがふさわしいでしょうか。「樹（一〇）」と「寿（一〇）」ですから、二つをかけ合わせて、一〇×一〇＝一〇〇となり、一〇〇歳のお祝いです。一〇〇歳のお祝いは、百寿、紀寿、上寿、百賀などがありましたが、「還暦」や「古希」、「傘寿」や「卒寿」に比べて、あまり知られていませんでした。近年まで、一〇〇歳を超える人が少なかったからでしょう。是非、一〇〇歳のお祝いを「樹寿」としてほしいものです。

最近、一〇〇歳にとどまらず、一〇〇歳を超えたお祝いが話題となります。よく耳にしたり目にしたりする言葉に、「茶寿」というのがあります。茶寿の「茶」という文字には、草冠がついています。草冠は、二つの「十」という文字が横に並んでいるように見えます。ですから、二つを足して二十とします。茶という文字の草冠の下は、「八十八」と見えます。結局、茶寿は、草冠の「二十」と、その下にある「八十八」で、一〇八歳のお祝いとなります。

一〇八歳を超えると、「川寿」というのがあります。何歳のお祝いでしょうか。川寿の「川」は、棒が三本並ぶので、一一一歳のお祝いです。しかし、これでは、あまりありがたみが感じられません。そこで、「皇寿」ということもあります。

皇という文字の上の部分は、「白」という字で、「百」に一本足りません。ですから、九十九を意味します。九十九歳のお祝いを白寿というのと同じです。皇という文字の下の部分は「王」という字です。これは、「一」と「十」と「一」に分けられます。三つを足すと、十二です。結局、皇という文字は、「九十九」と「十二」で成り立っており、二つを足すと、一一一になります。ですから、皇寿は一一一歳のお祝いとなります。

一二〇歳のお祝いは、何というでしょうか。「一二〇歳を迎える人が増えてくると、「そのお祝いは、このようによばれるだろう」といわれています。ヒントになるのは、満六〇歳のお祝いが還暦ということです。おわかりでしょうか。一二〇歳は、「大還暦」というのになりそうです。

なぜ、不思議がられるのか？

近年は、寿命が長いだけでなく、健康でなければならないと考えられています。「健康寿命」という言葉があり、これは、「日常的に介護を必要としないで、自立した生活ができる期間」、あるいは、「健康上の問題がない状態で、日常生活を送れる期間」を意味します。

たとえば、二〇一三年の厚生労働省のデータによると、日本人の健康寿命は、女性七四・二一歳、男性は七一・一九歳です。これらと、この年の平均寿命との差は、女性で一二・四〇歳、男性は九・〇二歳です。これが、「日常生活に制限のある、健康でない期間」ということになります。

日本人は平均寿命だけでなく健康寿命が長いことも、世界的に認められています。二〇一五年八月、ワシントン大学などの研究チームが世界の国々の健康寿命を発表しています。それによると、日本の女性は七五・五六歳、男性は七一・一一歳でした。これらの日本人の健康寿命は、いずれも世界一です。

このように、日本人の平均寿命と健康寿命の長さは、世界的に認められているのです。ところが、同時に、世界の人々からは、「なぜ、日本人の平均寿命が世界一であり、健康寿命も世界一なのだろう」と不思議がられています。

なぜ、日本人の長寿は不思議がられるのでしょうか。その理由の一つは、昔から、日本人の男性がタバコを吸う割合が高いことです。日本人の男性の喫煙率は、他の国の人々と比較して、かなり高いのです。

最近では、タバコ代の値上げや喫煙の害が知られるようになったことなどにより、喫煙率は少し下がっているようです。しかし、過去のいくつかの調査では、イギリスやアメリカと比べて、日本人の男性の喫煙率は二倍以上という数字でした。

喫煙の健康への害は、直接にタバコを吸う人だけでなく、喫煙者のまわりにいて、否応《いやおう》なくその煙を吸わざるを得ない人々にも間接的に及びます。そのため、最近は、タバコの広告や包装には、喫煙、および、まわりの人に有害であることの警告表示が義務づけられています。

タバコの自動販売機には、小さな文字ですが、「喫煙は、あなたにとって肺がんの原因の一つとなり、心筋梗塞、脳卒中の危険性や肺気腫を悪化させる危険性を高めます。たばこの煙は、あなたの周りの人、特に乳幼児、子ども、お年寄りなどの健康に悪影響を及ぼします」と掲示されています。

ですから、男性の喫煙率が高い日本では、タバコを吸う人はもちろんですが、タバコを吸わない多くの人々も、タバコの害を受けているはずです。「なぜ、日本の男性の喫煙率が高いのに、日本の男性が長生きするのか、また、なぜ、そのそばで暮らす女性が長生きするのか」ということが、世界から見た日本人の長寿に対する不思議なのです。

日本人の平均寿命と健康寿命が世界一であるのが不思議がられるのは、喫煙率の高さだけではありません。理由がもう一つあります。日本人の野菜や果物の摂取量が、世界の国々と比較すると、少ないことです。

野菜や果物を多く摂《と》ることが健康に良いことは、よく認知されています。たとえば、二〇一四年に、現・国立研究開発法人国立がん研究センターが、「野菜を多く食べる男性は、下部胃がんの発生率が低くなる」と発表しています。下部胃がんとは、胃の下の三分の二の部分に発生する胃がんを意味します。

しかし、日本人の野菜摂取量は、年々減っています。成人一人一日当たり推奨されている野菜の摂取量は、三五〇グラムです。しかし、日本人の平均摂取量は、二〇一〇年の数字では、二六八・一グラムでした。

「野菜は、三五〇グラムを摂取しなければならない」といわれても、目安として、どのくらいの量かよくわかりません。そこで、一日に三五〇グラムを食べるために、「５ Ａ Ｄａｙ（ファイブ・ア・デイ）運動」が行われています。

この運動は、アメリカではじまったものですが、近年、日本でも展開されています。「ファイブ・ア・デイ」とは、「一日に五皿分の野菜を食べる」という意味です。一皿の小皿の野菜料理で、約七〇グラムです。ですから、小皿を五皿食べれば、約三五〇グラムになります。一日に、野菜を小皿の五皿分食べようということです。

では、果物はどうでしょうか。果物が健康に良いことも、いろいろな形で証明されており、多くの人がこのことをよく知っています。たとえば、果物はピロリ菌の増殖を抑制することがよく知られています。ピロリ菌というのは、胃の中にいて、胃がんの原因になるといわれる菌です。でも、日本人の果物の摂取量は、世界の国々と比較すると、かなり少ないのです。

「健康に良い野菜や果物の摂取量が少ない日本人が、どうして長生きするのか」というのが、世界から見た日本の不思議なのです。この不思議は、「ジャパニーズ・パラドックス」といわれることがあります。「日本の逆説」と訳され、世界の人々から日本人の長寿が不思議がられている現象です。

なぜ、日本人は長寿なのか？

世界の国々と比較すると、日本人は、喫煙率が高く、野菜や果物の摂取量が少ないという事実があります。それにもかかわらず、日本人の平均寿命と健康寿命は、世界で最長のレベルにあります。

このような日本人に対して、「なぜ、日本人は長寿なのか」と不思議がられ、それに対して、いくつかの説明がなされています。社会的な面から、日本人の長寿の根底にあるものとして、主に三つのことがいわれます。

一つ目は「日本の生活環境が、安心、安全である」ということです。日本人には、日常生活で、他人に迷惑をかけないという気持ちが浸透しています。そのため、「他人から突発的に迷惑をかけられることがない」という心の安心感をもって生活ができています。

そのような心の安定を背景にして、治安が良く秩序がきちんと守られた安全な社会が、日本には築かれているのです。ですから、犯罪率が低く、安心して安全な生活が送られるのです。

このような生活環境の一面は、二〇二〇年の東京オリンピックの開催を誘致するためのプレゼンテーションで、世界にアピールされました。「日本では、落とし物をしても必ず戻ってくる」というものでした。「そのことがほんとうかどうかは、疑わしい」と思われることもあります。でも、実際に多額のお金が落とし物として届けられています。

二〇一四年には、「東京都で、三三億四〇〇〇万円のお金が、落とし物として届けられた」と発表されています。この数値が低いか高いかについては異論があると思いますが、これは東京オリンピックを誘致するプレゼンテーションの裏づけとなっていると評価されています。

二つ目は、「進歩した医療技術と、それを享受できる保険制度が充実している」ということです。「日本の医療は国際的にすぐれている」と、高い評価を受けています。たとえば、先端医療機器として内視鏡や超音波診断装置は、日本の企業で多くつくられています。

そして、二〇〇五年の統計では、磁気共鳴診断装置（ＭＲＩ）の導入率は、百万人の人口当たり三五・三台で、コンピューター断層撮影装置（ＣＴスキャン）の導入率は、百万人の人口当たり九二・六台です。これらの数字は、いずれも、世界最高水準です。

その結果、二〇一五年の世界保健機関の発表した「世界保健統計二〇一五」では、日本の新生児死亡率は、一〇〇〇人出産当たり一人です。乳児死亡率は、一〇〇〇人当たり二人です。これらの数字は、世界のトップクラスの低さです。

新生児や乳児の死亡率が低いということは、医療技術の全体的な高さの指標となります。なぜなら、これらは、望めば誰でもが診療所や専門病院、大学病院などを利用できることに加えて、病気の予防や衛生観念の普及、医療機関の治療力と診療技術の高さ、そして、救急体制や入院設備などのすべてが充実していてこそ、もたらされるものだからです。

その医療技術を享受できるようにしているのが、国民皆保険制度です。これは、「日本の国民であれば、すべての人が、それなりに高い医療技術を比較的安価で平等に受けることができる」というものです。

三つ目は、「食料となる国内産の農産物の品質が、すぐれている」ということです。これは、野菜や果物がおいしいので、食べやすく、健康に貢献するということを意味します。たとえば、日本のおコメは外国の富裕層向けの高級品として輸出されています。

また、ファストフード・チェーン店が、キャベツ、タマネギ、レタスなどで「国内産であること」を宣伝に用います。このことも、日本産の農作物の品質が高く評価されていることを反映しています。

日本産の果物が世界で高級品として扱われている例は、イチゴ、リンゴ、メロン、カキ、モモなどです。たとえば、福岡県産のイチゴ「あまおう」は、香港や台湾の百貨店やスーパーで人気を博しています。これらは、タイやロシアでも、かなりの高値で売られています。

リンゴの「ふじ」は、富士山にちなんで、日本一になることを願って名前がつけられました。でも、二〇〇一年に、日本一を乗り越えて、生産量で世界一の座につきました。世界中のあちこちで、「おいしい」という評判のもと、「ふじ」は高い値で販売されています。

日本産のメロンは、石油産油国などで、高級な果物として人気をよんでいます。高級メロンでは、きれいな形や甘さが極限まで追求されています。その品質の高さが、世界で高く評価されているのです。

また、カキは、和名「カキ」が「ＫＡＫＩ」として、日本名がそのまま世界で通じるようになっています。有名な品種「富有」は、「フユウ」「フユウガキ」という名前で、世界に通じるようになりつつあります。

温州《うんしゅう》ミカンは、近年、外国で人気が高まっており、「MIKAN（ミカン）」は、世界共通語になりつつあります。カナダやアメリカでは、皮が剝《む》きやすいので、「テレビを見ながらでも食べられる」という意味で「TVフルーツ」とか「TVオレンジ」ともよばれます。

このような、「安心、安全な生活環境」「進歩した医療技術と、それを享受できる保険制度の充実」「食料となる国内産の農産物の品質の良さ」の三つが、「なぜ、日本人は長寿なのか」という不思議に対する、社会的な面からの主な答えとされています。

また、日本人の心の面から、日本人の長寿の不思議が説明される場合もあります。日本人には、相手の気持ちを考え、困ったときには助け合うという気持ちが強く根ざしています。それだけではなく、「日本では、助けられる人が、それらの好意を安心して、信頼して受け入れることができる」といわれます。このような親しい人との強い信頼感が、長寿につながっているというのです。

〝食〟の面からは、近年、日本人の長寿の秘密の一つは、「日本人の古くからの食事である『和食』にある」と、世界中の人々に納得されはじめています。「和食が健康に良く、日本人の長寿の源である」と認められているのです。その象徴として、〝和食パワー〟という言葉が使われます。

「なぜ、日本人は長寿なのか」の秘密の一つは、和食にあるということです。〝和食パワー〟は、古くから日本で栽培されてきた、多くの植物たちに支えられてきました。次節からは、和食パワーのために活躍する野菜や果物たちが、「なぜ、健康に良いのか」を含めて紹介します。本書のタイトルに合わせると、「なぜ、野菜や果物たちが〝ありがたい〟のか」ということの答えになります。

② なぜ、野菜や果物は健康に良いのか？

植物は、私たちと〝同じしくみ〟で生きている！

植物の命は、人間に比べると、取るに足らない小さなものかもしれません。しかし、私は、「植物も同じ生き物です。だから、私たちと〝同じしくみ〟で生きているし、〝同じ悩み〟をもっているし、その悩みを克服して日々懸命にがんばっている」と思っています。

ところが、このようにお話しすると、「私たち人間と植物の〝同じしくみ〟とは、何か？」という質問が来ます。でも、私たち人間と植物が〝同じしくみ〟で生きているということは、すごくわかりやすいのです。

私たちが健康を維持していくために必要な栄養素は、炭水化物、タンパク質、脂質が基本として知られています。これらは、「三大栄養素」とよばれます。植物たちは、これらの物質をつくりだし、私たちと同じようにからだにもっています。

炭水化物は、コメ、コムギ、トウモロコシなどの三大穀物や、サツマイモ、ジャガイモなどのイモ類に多く含まれる栄養素です。炭水化物は、主に、生命を維持するためのエネルギー源となるものです。

タンパク質は、ダイズやインゲンマメ、エンドウマメなどのマメ類に多く含まれる栄養素です。私たちの筋肉やからだをつくるために必要な物質であると同時に、代謝を速やかに進めるための酵素などを構成する成分です。

脂質は、ゴマ、オリーブ、ナノハナ、ヒマワリなどに多く含まれ、油として利用されます。また、ナンキンマメやアーモンドなどにも多く含まれます。エネルギー源となったり、細胞を構成する成分になったり、エネルギーを貯蔵する物質として体内に保たれます。

「三大栄養素」に、ビタミンとミネラルを加えて、「五大栄養素」といわれます。ビタミンとミネラルは、微量栄養素といわれるくらい、三大栄養素に比べると、必要な量は微量ですが、健康を維持するために大切な役割を果たしています。

ビタミンは、からだの中の代謝を円滑に進める役割を担っています。油に溶ける脂溶性と水に溶ける水溶性に分かれており、脂溶性のビタミンは、A、D、E、Kの四種類です。水溶性のビタミンは、B_1、B_2、B_6、B_{12}、パントテン酸、ナイアシン（ニコチン酸）、葉酸、ビオチンなどのB群の八種類とビタミンCです。

それぞれのビタミンには、欠乏症がよく知られています。たとえば、ビタミンAの欠乏症は「夜盲症」、ビタミンB_1の欠乏症は「脚気」、ビタミンCの欠乏症は「壊血病」、ビタミンDの欠乏症は「くる病」などです。

ミネラルは、鉄分、カルシウム、カリウムなどで、植物がつくりだすものではありません。でも、植物は土壌からそれらを吸収します。私たちは、魚や貝類などが植物を介さずに塩などから直接取り入れたナトリウムやマグネシウムなどのミネラルを、その魚や貝類の肉などから摂取する場合もあります。でも、多くのミネラルを野菜や果物を介して摂取しています。

ミネラルは、野菜や果物、ワカメなどの海藻類に多く含まれます。植物ではありませんが、キノコにも多く含まれています。からだの機能を維持し、調節するために必須な成分です。また、骨や歯などを構成する成分でもあります。

「五大栄養素」に食物繊維を加えて、「六大栄養素」といわれます。食物繊維には、水に溶けない不溶性のものと、水に溶ける水溶性のものがあります。不溶性のものはコンニャク、ゴボウなどに多く含まれ、消化されない栄養素です。

でも、食物繊維は、腸から有毒な物質の排出を促し、腸がはたらく環境を整えるという役割を担っています。これらは、植物にとっても、からだを構成し、成長などの生命活動を円滑に行うために、必須な成分です。

植物は、私たちの健康に必要な「六大栄養素」をもっています。「なぜ、植物たちが、私たち人間に必要な六大栄養素をもっているのか」とお考えください。私たち人間と同じように、自分たちのからだの中で、生命活動を営み健康に成長するためにもっているのです。からだを構成する物質が同じであるということは、私たちと植物が同じしくみで生きていることを示す一つの根拠です。

また、「私たち人間と植物の〝同じ悩み〟とは、何か」と聞かれます。〝同じ悩み〟というのは、たいへんわかりやすいのです。

植物は、私たちと〝同じ悩み〟をもっている！

植物の祖先は、約四〇億年前に、海の中で生まれました。海の中から空を見上げると、明るい太陽が輝いていました。「もし海から陸上に出られたら、あの明るい太陽の光を浴びて光合成をして、どんどん栄養をつくり繁殖していくことができる。だから、上陸したい」と、輝く太陽にあこがれたはずです。

植物たちがやっと上陸できたのは、約四〜五億年前です。三五〜三六億年間、海の中で、太陽にあこがれ続けていたのです。そして、やっとあこがれの太陽に陸上で出会いました。ところが、出会ってみると、あこがれの太陽はそんなにやさしいものではありませんでした。

太陽は、「紫外線」というものをもっていたからです。海の中にいるときには、海水が紫外線を吸収してくれるので、植物たちのからだに当たることはありませんでした。しかし、上陸すると、紫外線がからだに直接当たります。

現在、私たちは、紫外線の害をよく知っています。あるアンケートでは、お母さんの九割は子どもの日光浴は危険と感じています。五、六〇年前には、子どもたちは「ひなたぼっこ」といって、わざわざ紫外線に当たっていました。

でも、一九九八年から、日光浴を推奨するという文章は母子手帳から消されました。紫外線の害というのが、よく知られるようになったのです。「紫外線は、シミ、シワ、白内障の原因となり、もっとひどいときには皮膚がんをひきおこす」といわれます。

「なぜ、紫外線がそのような害を及ぼすのか」と考えてください。紫外線がからだに当たると〝活性酸素〟というものを発生させるからです。活性酸素というのは、響きのいい言葉です。そのため、この言葉が語られはじめた当初は、「少し吸うだけで、すごく元気が出る酸素」と思われました。

でも、現在ではよく知られているように、これはひどく有害な物質です。たとえば、書店で「活性酸素」という語句をキーワードにして本を見てまわると、「病気の九〇パーセントは、活性酸素がきっかけ」とか、「成人病、がん、老化は、活性酸素が引き金」などと、表紙に書かれたものが多く見つかります。

紫外線が当たると活性酸素が発生して、シミやシワの原因になるため、「活性酸素を減らせば、肌が若返る」といわれたりします。この活性酸素がシミやシワの原因になっていることは、お風呂に入ったときに調べると、容易にわかります。

紫外線が当たっている手や顔の肌のつやと、紫外線がほとんど当たっていない下腹部の肌のつやを見比べてください。若い人では差はないかもしれませんが、歳を重ねた人では、手や顔の肌には、多くのシミやシワがあっても、下腹部の肌は、若々しく、みずみずしいつやがあり、その差がよくわかります。

しかし、植物は、そのように有毒な紫外線に当たっても、日焼けしません。シミもシワもつくりません。ですから、「紫外線は、人間にはきびしいけれども、植物にはやさしいのではないか」と思われることがあります。でも、それは「人間のひがみ」です。紫外線は、植物に当たっても、やはり活性酸素を発生させます。

活性酸素が発生するといっても、活性酸素は姿や形が見えません。ですから、その怖さを見ることはなかなかできないのです。でも見ようと思えば見ることはできます。たとえば、除草剤に「パラコート」という強力なものがあります。草が生えている場所に、この薬をまいておくと、二、三日したら、雑草はいっせいに枯れます。これが、パラコートから発生する活性酸素の一種である「スーパーオキシド」というものの怖さなのです。

もっと身近なのは、家庭にあるオキシドールです。これは、消毒液として使われますが、それはばい菌を殺すという作用をもっているということです。これは「過酸化水素」という活性酸素がたった三パーセントだけ含まれている薄い液なのです。その薄い液で、ばい菌を全部殺してしまうという怖いものなのです。

このような作用をもつ活性酸素が植物のからだに発生する自然の中で、植物たちは生きているのです。そのため、植物たちは、発生する活性酸素を消去する物質を身につけています。その物質が、「抗酸化物質」とよばれるものです。

なぜ、花や果実は美しいのか?

抗酸化物質という言葉を聞かれたことがあるでしょう。あるいは、この文字を目にされたことがあるでしょう。近年は、健康食品のカタログによく出てくる言葉です。抗酸化物質とは、有害な活性酸素を消去する物質です。

抗酸化物質の代表的な物質が、ビタミンCです。ですから、「ビタミンCは、老化を抑制する」とか、「ビタミンCは、白内障のリスクを減少させる」などの効果を示す研究結果が発表されています。

もう一つの有名な抗酸化物質は、ビタミンCは、イチゴやキウイ、レモンなどに多く含まれています。ビタミンEです。ビタミンEは、老化を抑制するので、〝若返りのビタミン〟とよばれます。これは、アーモンドやピーナッツ、ダイコンの葉やカボチャなどに多く含まれています。

私たちは、「どのような野菜や果物が、ビタミンCやビタミンEを多くもっているか」ということをよく知っています。しかし、「なぜ、それらの野菜や果物がビタミンCやビタミンEをもっているのか」という問いかけはほとんどしません。植物が自分のからだを守るために、これらの物質を自分でつくりもっているのです。

私たち人間も植物とまったく同じ悩みをもっています。特に人間の場合、活性酸素が発生するのは、紫外線が当たることだけが原因ではありません。激しい呼吸をしているので、呼吸によっても、活性酸素が発生します。また、仕事や人間関係などからのストレスも、活性酸素が発生する原因になるといわれます。

私たち人間と植物たちは、同じしくみで生きており、同じ悩みをもっているのです。だからこそ、植物たちがつくってくれる抗酸化物質が、私たち人間の健康を支えるのに役立つのです。

「私たち人間と植物が、同じしくみで生き、同じ悩みをもっている」ということが、このことからよくわかります。

植物は、ビタミンCやビタミンEの他にも、強力な抗酸化物質を備えています。その一つがアントシアニンです。アントシアニンは、赤い花の色素、あるいは、青い花の色素です。これは、ポリフェノールの一種なので、ポリフェノールという言葉で代用されることもあります。

バラ、アサガオ、シクラメン、サツキツツジなどの赤い花の色は、アントシアニンによるものです。ツユクサ、キキョウ、リンドウ、ペチュニアなどの青い花の色も、アントシアニンによるものです。

もう一つのよく知られている抗酸化物質が、カロテノイドです。カロテノイドのよく知られた代表的な物質が、カロテンです。カロテノイドは、黄色い花の色素です。キクやタンポポ、マリーゴールドなどの黄色い花の色は、カロテノイドによるものです。

このように、植物は、花の色の中にアントシアニンやカロテノイドという抗酸化物質をもって、花をきれいに装っているのです。「なぜ、花はきれいな色なのか」と尋ねると、「花粉を運ぶ虫を引き寄せるため」という答えが返ってきます。

このことは、よく知られています。「色香で惑わす」などというと、人間ではあまりいい表現ではないですが、花はきれいな色といい香りで虫を惑わし、引き寄せます。そして、甘い蜜までお土産にもたせるという方法で、虫をもてなして花粉を運んでもらっているのです。

たしかに、花の色がきれいな理由の一つは、花粉を運んでもらう虫を引き寄せるためです。でも、それだけではないのです。もう一つ、これに勝るとも劣らぬ大切な理由があります。それは、花びらにたくさんの抗酸化物質をもって、花の中で生まれてくる子どもである種子を紫外線の害から守るためです。

花の中で、子どもは生まれてきます。その子どもを紫外線の害から守らなければなりません。それが、花びらの役割なのです。そのために、花びらには抗酸化物質である色素が多く含まれ、花は美しくなっているのです。

「強い太陽の光に当たると、花の色はどうなるか」と、考えてください。その答えは、次のように三通り考えられます。「強い太陽の光が当たっても、花の色は変わらない」でしょうか。「強い光が当たったら、花は色あせる」でしょうか。「花はますます濃いきれいな色になる」でしょうか。

おわかりと思います。より多くのきれいな色素をつくって、強い太陽の光に含まれる紫外線の害を消します。ですから、花はますます濃いきれいな色になります。植物というのは、紫外線が多いという逆境の中で、さらに美しくなるのです。「高山植物の花の色は、きれいだ」といわれます。高い山では、空気がきれいなために紫外線が多く降りそそぐからです。

植物たちが抗酸化物質を含んでいるのは、花のときだけではありません。果実ができても、種子はまだ守られています。

赤い色素であるアントシアニンで、ブドウは果実の中の種子を守っています。ナスの果実のまわりの濃い紫色は、種子を守るアントシアニンの色です。ブルーベリーもアントシアニンで種子を守っています。

黄色い色素であるカロテノイドも、カキの黄色、パプリカの赤、トマトのリコペン、カロテンとして、果実の中の種子を守っているのです。色づいている野菜や果物は、最後まで子どもを守る姿と考えられます。

「なぜ、果実はきれいな色をしているのか」と考えてください。この理由の一つは、動物に「もうおいしくなりましたよ」とアピールして食べてもらうためです。動物に食べてもらったら、そのときに種子がまき散らされます。あるいは、動物が種子ごと飲み込んでくれたら、糞《ふん》としてどこかで出されます。

そうすると、植物は動きまわることなく新しい生育地に移動することができます。あるいは、生育する地域を広げることができます。ですから、種子が完熟すれば、動物に食べてもらうというのは、植物にとって、一つの大きな理由なのです。

もう一つの理由は、果実の中の種子を紫外線から最後まで守るためです。すなわち、完熟するまで、種子を紫外線から守るのです。ですから、ナスやトマトの実は、強い太陽の光に当たると、ますます濃いきれいな色になります。紫外線が多いという逆境の中で、いろいろな種類の果実がきれいに色づいていくという意義は、植物が子孫を守ることなのです。

次節では、和食パワーを支える植物たちの素性と、どのように健康に貢献しているのかを紹介します。私たちにとっては、健康を守ってくれる、〝ありがたい〟植物たちの素顔ということになります。

③　和食パワーの主役は？

和食の中心は？

「ふっくりんこ」「青天の霹靂《へきれき》」「とちぎの星」「あきさかり」「秋の詩」「みずかがみ」「きぬむすめ」などは、あるものの名前です。二〇一六年の三月に、多くのメディアで話題になりました。さて、これらは何の名前でしょうか。

実は、これらはおコメの銘柄の名前なのです。二〇一六年に日本穀物検定協会が、二〇一五年産のおコメの味の調査、すなわち、食味の調査を行い、その結果を発表しました。この年は、四六銘柄が「特A」の評価を受けました。「特A」は、食味試験の対象になった一三九の銘柄の中で、「特においしい」とされたものです。この節の冒頭で紹介した名前は、「特A」と評価された新しい銘柄のいくつかの名前なのです。

「ふっくりんこ」は北海道、「青天の霹靂」は青森県、「とちぎの星」は栃木県、「あきさかり」は福井県、「秋の詩」と「みずかがみ」は滋賀県、「きぬむすめ」は山口県のものでした。新しい時代を生きるイネのおいしい品種が、次々に、各都道府県で開発されているのです。

その理由は、消費者からおいしいおコメが求められていること以外に、もう一つあります。地球の温暖化が、着実に進行していることです。二〇一六年一月、アメリカの海洋大気局は、「二〇一五年の世界の年間平均気温が一四・八〇度となり、観測記録が残る一八八〇年以降、最高を記録した」と発表しました。また、アメリカ航空宇宙局も、「二〇一五年に、史上初めて、一九世紀後半の平均気温が一度以上高くなった」と発表しました。

現在栽培されているイネの品種は、気温が上昇することにより、確実に食味が低下し、収量が減少することが予想されています。そのため、将来の気温の上昇に耐え得るような、高温に強いイネの品種の開発の必要に迫られているのです。おコメは、日本人の主食であるばかりでなく、世界人口の約半数の人々の主食にもなっています。世界的にも、温暖化に打ち克つ品種が育成されなければならないのです。

二〇一三年、日本人の伝統的な食文化として、和食が国連教育科学文化機関（ユネスコ）の無形文化遺産に登録されました。しかし、和食におけるおコメの大切さが忘れられているように感じます。なぜなら、和食というと、その料理を盛りつける器や、郷土の野菜や魚などの新鮮な食材の良さを生かし、季節感を漂わせた料理が主役のような印象がもたれているからです。

たしかに、伝統行事や宴会などで供せられる和食では、そのような印象のものが多くあります。でも、世界的に、栄養バランスにすぐれた食事と認められている和食は、必ずしも特別なものではありません。私たち日本人にとっては、和食は毎日の食生活の基本となるものです。

その食生活での和食の中心は、おコメを炊いた〝ご飯〟なのです。世界の人々に和食の良さを知ってもらえる、「無形文化遺産に、和食が登録された」という絶好の機会に、私たち日本人の食生活の中心はおコメであり、おコメの大切さを認識してもらわなければなりません。

日常の和食では、「一汁三菜」という言葉がよく知られています。ですから、「一品の汁ものと三種類のおかず」という印象が強くて、和食では、料理の方がどうしても注目されがちです。しかし、和食の中心には、おコメを炊いた〝ご飯〟があることを忘れてはなりません。

進行しつつある温暖化に備えて、私たち日本人が主食としているおコメにおいて、高温に強い品種が開発されることが大切であり、その開発が進められているのです。私たちも、おコメの大切さをあらためて認識しなければなりません。

おコメでは、ジャポニカ米とインディカ米がよく知られています。これらのおコメが、いつごろ、どこで生まれたかについては、いろいろな説があります。たとえば、ジャポニカ米は、

「一万～一万一〇〇〇年前から、中国の揚子江流域で栽培されてきた」といわれることがあります。

また、インディカ米は、「東南アジアからインドにかけての地域で、一万年以上前から栽培されていた」といわれることがあります。一方、「それぞれのイネの栽培発祥の地は、一ヵ所ではなく、複数の地域である」との説もあります。

それらに対し、最近は、「イネの最初の栽培地は、ベトナム国境に近い、中国の珠江《しゆこう》流域である」といわれています。そして、「ジャポニカ米が最初の栽培イネで、それからインディカ米が生まれた」ともいわれます。

このように、イネの栽培の起源は定かではありませんが、遠い昔から、世界中の多くの人々の食糧となってきたのはたしかです。私たち日本人がふつうに食べてきたのは、ふっくらと丸く短く、炊くと粘り気があるジャポニカ米です。

このおコメは、縄文時代の後期に、朝鮮半島か中国から伝えられ、日本の全域で栽培されてきました。気温が低いために栽培が不可能と思われた北海道でも、明治時代には栽培されるようになりました。

多くの日本人は、インディカ米より、ジャポニカ米を好んで食べます。インディカ米は、細長く、炊いても粘り気がなく、冷えるとパサパサになります。ジャポニカ米より粒が長いので、す。

「ロング・ライス」といわれたり、タイが原産地と考えられて、「タイ米」ともよばれたりしま。

ジャポニカ米とインディカ米の性質は違いますが、おコメとして質的にどちらかがすぐれて
いるということはありません。日本人がジャポニカ米をよく食べ、インディカ米をあまり食べ
ないのは、ただ単に好き嫌いによるものですありますが、ジャポニカ米は、アメリカ人には、「スティッキー（sticky）」と表現され、嫌われることも
あります。スティッキーとは、「くっつく」や「べとべとする」などの意味です。でも、おコ
メを噛《か》んだときの食感は、「にちゃにちゃ」というのが一番よく通じます。

私たち日本人の健康を支えてきたおコメですが、近年、三つの深刻な悩みを抱えています。
一つ目は、栄養バランスの良い食材であることがよく知られていないことです。白米の中に蓄
えられた栄養成分は、デンプンを中心とする炭水化物が約七七パーセントと多く、タンパク質
や脂質をはじめ、ビタミン、ミネラル、食物繊維を含んでいます。

ご飯として食べる場合は、ビタミンやミネラル、食物繊維が豊富であり、塩分や脂質が少な
いので、主食として適切なのです。だからこそ、おコメは日本人の主食であるばかりか、世界
人口の約半分の主食になっているのです。

おコメは、私たち日本人だけでなく、世界の人々にも、〝ありがたい〟植物なのです。私た

ちのおコメに対する気持ちは、「おコメ」という言葉に込められています。「お」をつけない「コメ」でもいいのですが、多くの人は「おコメ」といいます。この「お」は、丁寧、あるいは、上品に表現するためにつけられるだけでなく、敬う気持ちがこもっているはずです。

また、お膳に和食を並べるときには、ご飯はお膳の左に置くとされます。昔の官位に、左大臣と右大臣がありましたが、左大臣の方が上の位でした。ご飯を左に置くことは、おコメを大切にする一つの形です。

二つ目の悩みは、近年の消費量の落ち込みです。おコメの消費量は、一九六二年には、一年間に一人当たり約一一八キログラムでした。ところが、その後は、どんどん減少し、二〇〇六年には、約六一キログラムと約半分になり、二〇〇九年には、五八・五キログラム、二〇一二年には、五七・八キログラム、二〇一三年には、五六・九キログラムになりました。

おコメの消費量の減少に伴い、各家庭でのおコメに使う金額も減っています。二〇一二年二月には、総務省の家計調査で、「二〇一一年の一世帯当たりのおコメの消費額が、パンの消費額に追い越された」と発表されました。「ご飯より、パンの方に多くの食費が費やされている」ということです。

その理由は、いくつか考えられます。もっともよく理解できそうなのは、パン食には、手間と時間がかからないことです。野菜サラダと、コーヒーや牛乳、フルーツジュースなどの飲み物といっしょにパンを食べれば、朝食や昼食になります。この食事なら、面倒な準備はあまり必要ありません。せいぜいパンを焼くぐらいで、手軽です。

それに対し、ご飯を食べようとすると、おコメを研いで炊かなければなりません。そのため、手間と時間がかかります。その上、おかずも準備しなければなりません。その調理に、手間と時間がかかります。それに加えて、パン食に比べ、食べるときに多くの食器類が必要です。それらを洗うために、手間と時間がかかります。

他にもいろいろな事情が考えられるでしょう。でも、私たち日本人は、おコメをもっと多く食べる方がいいでしょう。二〇一五年度の日本の食料自給率（カロリーベース）は、三九パーセントと世界各国と比べると、たいへん低いことはよく知られています。しかし、おコメの自給率は、九九パーセントです。それに対し、パンの原料であるコムギの自給率は、一五パーセントです。コムギは、ほとんどを外国からの輸入に頼っているのです。

国内で自給できるおコメを食べることで、日本の食料自給率は上がるはずです。「食料を自給できない国は、真の独立国とはいえない」といわれることもあります。日本でも、食料自給率を少しでも高める努力は必要なはずです。

三つ目の悩みは、栽培される品種の数が少なく、それらがよく似た性質をもっていることです。これは、おいしい品種が求められ、その象徴である「コシヒカリ」があまりにも人気が高すぎることが原因です。

そのため、新しくつくられる品種の多くが、コシヒカリの兄弟、子ども、孫に当たる品種です。これらは、コシヒカリの遺伝的な性質を共有しています。その結果、よく似た性質をもった品種が多く栽培されていることになります。二〇一三年、もっとも多く栽培されたイネは、コシヒカリです。そのあとに、ヒノヒカリ、ひとめぼれ、あきたこまち、ななつぼしという品種が続きます。これらは、いずれも、コシヒカリと血縁関係にあります。

イネだけではありませんが、作物では、多くの種類の品種が栽培されることが望まれます。同じ性質の品種ばかりが栽培されていると、もし何かの天候異変がおこると困ります。その異変に弱い性質をもつ品種はすべて不作になります。また、ある病気がはやったときにも困ります。その病気に弱い性質をもつ品種は、すべて病気にかかり不作となります。

異なった性質の品種が数多く栽培されていれば、そのようなときに、救われます。そのため、それぞれの地域の風土に合った品種が栽培され、各地域で栽培される品種が異なっていることが望まれるのです。

Q 精進料理の「畑の肉」とは?

和食パワーを支える代表的な植物があります。これはマメ科の植物で、東アジアが原産地ですが、現在では、世界中で栽培されています。日本には、縄文時代か弥生時代の初期に中国から伝えられたとされます。近年、見かけることが減りましたが、五、六〇年前、イネが栽培されている水田の畔に、よく栽培されていました。

古くから、この植物の種子であるマメは、良質のタンパク質を多く含むため、「畑の肉」といわれていました。そのため、このマメは、肉や魚などを用いない精進料理においては、タンパク質源として、貴重な食材でした。このマメの栄養的な価値が認められていたのです。

また、このマメは和食に欠くことのできない食材となっています。それらを素材にしている食品が多くあります。味噌汁や味噌漬けに使われる味噌や醬油、そして、納豆、豆腐、高野豆腐、おから、あぶら揚げ、豆乳、湯葉、枝豆、いり豆、煮豆、モヤシなど、このマメは和食の料理に多彩に利用されています。また、黄粉《きなこ》として、お餅やおはぎとともに食べられます。日本人は、ほとんど毎日、何かの形で、このマメを摂取しています。このマメは、和食を支える食材として、日本人の長寿のもとと認められているのです。

さて、この植物は何でしょうか。

A この植物は、ダイズです。

私たちは、ダイズは植物名であることを知りつつ、その種子であるマメに「ダイズ」という語を使います。「大豆」と書かれますから、ダイズはマメの名前として使われる言葉でもあるのです。

ゆでて水分を約六五パーセント含んだダイズで、タンパク質が約一五パーセント含まれます。生の牛肉サーロインは、水分約五六パーセントを含んで、タンパク質の含有量は約一七パーセントです。ですから、牛肉と比べて、ダイズのタンパク質の含有量はそれほど遜色はありません。だからこそ、ダイズは、昔から、「畑の肉」といわれるのです。乾燥したダイズには、約三四パーセントものタンパク質が含まれています。

私たちがダイズをタンパク質源として頼りにしていることを示す、象徴的なできごとがありました。何年か前、日本で狂牛病（正式名は、牛海綿状脳症《うしかいめんじょうのうしょう》）に感染した牛が確認されました。これをきっかけに、一時的な、消費者の牛肉離れがおこりました。

そのとき、牛肉に代わるタンパク質源として、豚肉、鶏肉とともに、目が向けられたのは、納豆でした。そのため、納豆の消費量が急激に増加しました。納豆は、ダイズを発酵させてつくられる食品です。日本人が求めるタンパク質源は、昔も今も、ダイズなのです。

しかし、ダイズは、タンパク質源としてはたらくだけではありません。コレステロールを低下させ、血圧を降下させる効果があります。ビタミンB_1や良質の脂質も多く含まれているため、健康に貢献します。

近年は、ダイズに含まれるポリフェノールの一種である「イソフラボン」という成分がよく知られるようになりました。この物質は、「抗酸化作用があり、高血圧、動脈硬化、糖尿病などの生活習慣病を予防する効果をもつ」と注目されています。

二〇〇六年に、内閣府の食品安全委員会が、イソフラボンは、骨粗しょう症を予防し、更年期障害を軽減する効果をもつことを認めた上で、イソフラボンの摂取の上限を定め、過剰に摂取することを戒めました。「妊婦や子どもは、これをサプリメントの状態で摂ってはいけない」という注意が出されたのです。サプリメントでは摂りすぎになるので、イソフラボンを摂取するのは、豆腐や納豆などの食品からに限るということです。

ダイズは、食材として以外にも、活躍してきました。二月三日の節分の日に、鬼を追い払うために、マメがまかれます。「その豆は何という名のマメか」と問えば、ほとんどの人からは「ダイズ」と正しい答えが返ってきます。北海道では、節分に、ピーナッツがまかれることもあるようですが、節分でまくマメは、多くの人々にとっては、ダイズです。

「なぜ、節分には、ダイズが使われるのか」との疑問があります。日本最古の現存する歴史書である『古事記』では、五種類の主要な穀物として、「イネ、ムギ、アワ、ヒエ、マメ」があげられています。このマメは、ダイズかアズキと考えられます。また『日本書紀』では、五種類の主要な穀物は、「イネ、ムギ、アワ、ダイズ、アズキ」とされています。

これらの穀物には、「穀霊」といわれる神の魂が宿っていると思われてきました。それらが厄や邪気の象徴である鬼を追い払ってくれると考えられ、適度な大きさで、投げつけやすいダイズが使われたとの説があります。

「なぜ、生ではなく、炒《い》ったマメが使われるのか」との疑問もあります。この答えになる一つの説は、次の言い伝えに基づきます。平安時代、京都の鞍馬山に鬼が出たとき、鞍馬寺に祀《まつ》られている、七福神の一人とされる毘沙門天様が「鬼の目にダイズを投げつけろ」といわれたとされます。「鬼の目を射る」が「魔の目を射る＝魔目を射る」と考えると、「マメを炒る」と音が通じるところから、炒り豆が用いられるようになったとされます。

炒りマメが使われるのには、もう一つの説があります。豆まきのあと、マメを拾い集めるのですが、拾い損ねたマメが芽を出すのは、縁起が悪く、災いをもたらすといわれました。昔の家には、地面が露出した土間があり、まかれたマメが芽を出す可能性は高かったのです。そのため、マメが芽を出さないようにするためといわれています。

ダイズは、私たちの健康を守ってくれるだけでなく、災いをもたらすといわれる鬼からも幸せを守ってくれるのです。私たちが感謝しなければならない〝ありがたい〟植物なのです。

Q 日本語の名前が世界共通語のマメは？

もう一つ、世界的に健康に良い食材として認められているマメがあります。私たち日本人には、ビールを飲むときになくてはならないものです。「ビールのお友達」とよばれることもあります。

一九九九年の秋、アメリカ食品医薬品局が、「このマメは、からだを守る抗酸化物質を多く含んでおり、心臓病のリスクを低下させる」と発表しました。それ以来、この食材は日本語の名前がそのまま世界共通語となっています。

英語名は、「グリーン・ソイビーン」です。「グリーン」は緑という意味で、まだ完熟していない状態を指します。ソイビーンの「ソイ（soy）」は醬油のことで、「ビーン（bean）」はマメです。ですから、グリーン・ソイビーンは、「醬油をつくる未成熟なマメ」という意味です。

このマメの名前は、植物名ではありません。このマメのおいしさは、収穫されたあとに急速に低下することがよく知られています。そのため、一昔前までは、収穫から食べられるまで、枝につけたまま運搬され、市販されていたものでした。それがこのマメの名前の由来にもなっています。

さて、このマメは何でしょうか。

A このマメは、エダマメです。

ダイズは、醤油をつくる原料となるマメです。エダマメは未成熟なダイズですから、このマメは、「醤油をつくる未成熟なダイズ」といわれることがあります。一九九九年のアメリカ食品医薬品局の発表により、人気がたちまち高まり、現在では、このマメはアメリカで「edamame」と表記され、この名前は世界的に知られています。

エダマメが有名になり、その名前が独り歩きしていることがあります。インゲンマメやナンキンマメと同じように、「エダマメという植物がつくるマメだ」と思われているのです。そのため、エダマメをつまみにビールを飲んでいるときに、「エダマメは、何というマメか」と尋ねてみると、酔いにまかせて、「エダマメは、エダマメだ」と言い張る人もいます。「エダマメは『エダマメ』というマメの種類である」と思われていることがあるのです。

目くじらを立てることはないのですが、エダマメは、植物名としては、エダマメではありません。エダマメは、未成熟なダイズであり、成熟すればダイズになります。ですから、エダマメはダイズなのです。でもそのようにいうと、「エダマメは、エダマメだ」と思い込んでいる人には、怪訝《けげん》な顔をされることもあるでしょう。

エダマメとダイズは、色や形がかなり異なります。エダマメは、緑色でやわらかく大きいマメです。ダイズは、黄色で硬く小さい豆です。ですから、「エダマメは、ダイズです」というと怪訝な顔をする人の気持ちもわかるような気がします。

最近のエダマメは、枝からさやがもぎ取られた状態で、網状の袋に入れられて市販されているることが多くあります。そのため、若い人には、「枝についたまま売られているマメだから、『エダマメ（枝豆）』である」ということが知られていない場合があります。

「なぜ、エダマメは枝についたまま売られているのか」との疑問もあります。エダマメは、枝から離されると二〜三日で、おいしさが落ち、やわらかな食感が消え、マメが硬くなってしまいます。そのため、栽培されている畑から消費者に届くまで、枝につけられているのです。ということは、エダマメをおいしく味わうには、手に入れたらできるだけ早くに食べなければならないということです。

ダイズの一種に、黒マメがあります。これは、古くから、年の初めに、「一年を『まめ』に暮らせますように」という願いを込めて、おせち料理に使われます。このときの「まめ」という語には、「豆」と、「達者」を意味する「忠実（まめ）」がかけられています。

黒マメは、ダイズの一種です。ですから、ふつうのダイズと同じように、イソフラボンを多く含み、栄養的な価値はふつうのダイズに匹敵します。さらに、黒い種皮には、アントシアニンという、健康に良い物質が含まれていますから、栄養はふつうのダイズ以上かもしれません。

「丹波黒枝豆」という有名な黒マメのエダマメがあります。兵庫県や京都府の丹波地方の特産品です。「おいしさを求める究極のエダマメ」と評価されています。一〇月初旬の解禁日までは、栽培地では、「売らない、買わない、食べない」とされているマメです。

私は、そのことを知っていたばかりに、また、まじめにそれを守っていたばかりに、びっくりしたことがあります。ある年、このエダマメを買い求めようと、一〇月初旬の解禁日を指折り数えるようにして待っていました。

やっとその日が来たので、朝に急いで電話で注文しました。ところが、思いもかけないことに、私がほしかった家庭用に手ごろな容量の「約二キログラムの枝付き」のものは「もう、売り切れました」といわれました。この容量は手ごろなので、よく買われることは容易に想像できます。でも、解禁された日の朝に電話をしているのです。

何日間も待っていたので、たいへん残念でした。と同時に、「なぜ、解禁されたばかりの日なのに、売り切れてしまっているのか」と、とても意外で不思議でした。そこで、事情をよく聞いてみました。すると、私には思いもよらなかった理由がわかりました。

解禁日までは、「売らない、買わない、食べない」とされています。しかし、その中に、「予約をしてはいけない」は入っていなかったのです。そのため、多くの予約が入っていて、家庭用の手ごろな容量の枝付きのものは、解禁日には売り切れてしまっていたのです。おいしいエダマメを口にするというのは、なかなかたいへんなことなのです。

Q「三里もどっても飲め」といわれるのは?

和食の主役はダイズですが、和食を支えるためになくてはならない植物は他にも多くあります。和食は、味、彩り、料理法などが多彩ですが、使われる食材も豊富です。古くから私たちの食生活を支え、和食パワーの脇役となって活躍してきたものの代表が、この植物です。

これはツバキ科の植物で、中国が原産地です。日本には、平安時代に、遣唐使によりもたらされました。この植物が花を咲かせるのは、あまり知られていませんが、この植物の花は、ツバキ科の仲間であるツバキ、サザンカとそっくりです。

昔は、これを口にせずに旅に出発したら、「三里もどっても飲め」といわれました。「これを飲み忘れて旅に出てしまったら、三里くらい行っていてももどってきて飲みなさい」という意味です。これには、殺菌作用があるので、食あたりを防ぐ効果が知られていたのでしょう。

この植物には、「やぶきた」という一大品種があります。静岡市出身の杉山彦三郎によって発見され、育成された日本を代表する偉大な品種です。二〇〇八年の調査では、全国で栽培されるこの植物の約七六パーセントがこの品種です。特に、この植物の産地として名高い静岡県では、この品種が九〇パーセント以上を占めています。

さて、この植物は何でしょうか。

A この植物は、チャです。

チャは、緑茶の原料です。有名な品種である「やぶきた」というのは変わった名前なので、その由来に興味がもたれます。これは、「杉山氏が竹やぶを開墾した畑の北側から発見した」とか、「杉山氏がやぶを切り開いた畑の北側に移植した」とかいわれます。いずれも「やぶの北」ということから、「やぶきた」という名前がつけられたことになります。

古くから、「朝茶は、三里もどっても飲め」などといわれます。一里は約四キロメートルですから、三里は、約一二キロメートルです。さっさと歩いても約三時間かかります。もどって飲んだら、お昼になってしまい、「朝茶」でなくなってしまいます。

でも、三里ならまだましで、この言い伝えは、「朝茶は、七里もどっても飲め」といわれることがあります。七里行ってもどると一日がかりになりますから、「朝茶を飲み忘れたら次の日に出発を延ばしなさい」という意味です。それほど、朝茶には、価値があるのでしょう。

緑茶は、私たちに古くから愛飲されています。そのためか、「茶」と呼び捨てにされることは少なく、丁寧に「お」をつけて、「お茶」といわれることが多くあります。コメをおコメというような気持ちと同じように、ただ、丁寧、あるいは、上品に表現するだけでなく、〝ありがたさ〟を敬う気持ちが込められています。

緑茶には、カテキンなどのポリフェノールという物質がたっぷり含まれています。カテキンは緑茶の渋みの本体で、強い殺菌作用があります。「カテキン」というのは変わった名前ですが、『勝て！　菌に』という気持ちが込められている」といわれることがあります。名前の由来の真偽はさておき、カテキンの殺菌効果はたしかです。ですから、旅に出たときの食あたりにも効果があるとされます。「朝茶は、三里もどっても飲め」といわれた理由の一つは、お茶には、殺菌作用があるので、食あたりを防ぐ効果が知られていたからでしょう。

緑茶でうがいをすることは、風邪の予防のために効果があります。「ガラガラガラ」とうがいをしている途中で、うがい薬を飲み込んでしまうことがあります。こんなとき、うがい薬なら気持ち悪い思いをしますが、緑茶なら安心です。この物質は、殺菌作用以外に、私たちの健康を保つはたらきも強いです。ひじょうに強い抗酸化作用をもち、有害な活性酸素を効果的に退治するはたらきがあります。「カテキンが、がんの予防に効果的である」と考えられ、それをたしかめる研究が多く進められています。

日本のお茶の産地、静岡県では、緑茶がよく飲まれます。そのため、静岡県のお茶の産地であるいくつかの市区町村では、「がんの発生率が低い」という数字が示されています。また、緑茶には、ビタミンCもビタミンEも含まれています。カロテンも入っているので、昔から、「お茶はからだに良い」といわれてきたのです。

二〇〇八年には、京都大学の研究グループから、緑茶には、がんの増殖を抑制する効果があることが発表されています。同じ年、岐阜大学の研究グループから大腸ポリープの再発を予防する効果があるという発表もされています。

二〇一四年には、金沢大学の研究グループから、緑茶に認知症を予防する効果があると発表されました。もちろん、カテキン、ミリセチンなどのポリフェノールの仲間である抗酸化物質がたっぷりと含まれており、それらの健康への効果もよく知られていることを反映しています。

二〇一五年五月、国立がん研究センターから、四〇歳〜六九歳の男女約九万人対象に、一九年間かけて集めたデータが発表されました。これによると、「緑茶を飲んでいたら、死亡リスクが四割減る」ということです。

このときのデータは、「どのくらい、お茶を飲んだらいいのか」という疑問に答えてくれています。お茶を飲まない人、一日一〜二杯飲む人、三〜四杯飲む人、五杯以上飲む人と、多く飲むにつれて、死亡のリスクがだんだんと下がってきます。そのため、「お茶は一日五杯以上飲んでいても、健康にいい」ということになります。ただ発表されたデータでは、最大は五杯以上と書かれていて、「一日に何杯までならいい」とは書かれていませんでした。五杯以上、何杯飲むかは、自己責任ということでしょう。

緑茶は、古くから、私たち日本人の健康長寿に貢献してくれていますので、チャは〝ありがたい〟植物なのです。その具体的な機能が今後、ますます明らかにされてくるはずです。

Q「不老長寿の秘薬」とは？

この植物は、原産地はインドとかアフリカとかといわれます。インドで「万能薬」とよばれ、中国で「不老長寿の秘薬」といわれる食材です。日本には、この植物は、中国から伝えられました。縄文時代の遺跡から、種子が発見されていることから、伝来はかなり古いと考えられています。

奈良時代にはすでに栽培され、平安時代には食用にされていたようです。この植物の種子は、タンパク質を多く含むので、ダイズとともに精進料理のタンパク質源となっていました。また、この種子には、脂質が約五二パーセントも含まれます。

「金」「銀」「銅」なら、オリンピックのメダルの色が思い浮かびますが、この植物の種子には、「金」「黒」「白」があります。これらの名前は、種皮の色にちなみます。種皮は硬いので、ふつうは、種子をすりつぶして使います。

「世界の三大美女」の一人は、クレオパトラです。彼女の美貌の一つは、肌のつややかな輝きであったといわれます。それを保つために、彼女は、この種子を食べ、この種子から取れる油を全身にぬっていたといわれます。

さて、この植物は何でしょうか。

A この植物は、ゴマです。

ゴマは、ゴマ科の植物です。学名は「セサマム　インディカム」で、インド原産のようですが、近年は、「ゴマは、アフリカのサバンナが原産地である」との説が有力です。この植物は、中国に、「胡」と表現される西の地域から伝わりました。種子の形が「麻」の種子に似ていることから、「胡麻」と書かれました。日本には、縄文時代に中国から伝えられました。

ゴマ油をとることから想像されるように、ゴマの種子には、脂質が多く、乾燥したもので、約五二パーセントも含まれます。また、タンパク質が約二〇パーセント含まれています。そのため、肉食を禁じた精進料理では、ダイズとともに貴重なタンパク質源だったのです。現在では、ゴマ油、煎りゴマ、ゴマあえ、ゴマドレッシングなどで、私たちの食生活に多彩になじんでいます。〝和食パワー〟を支える脇役の代表です。

その成分は、「セサミン」や「セサミノール」などの物質です。これらの名前は、この植物の属名「セサマム」や、英語名「セサミ（sesame）」に由来します。また、ゴマには、老化を抑制するビタミンEが多く含まれています。これらの物質は、血圧降下効果、肝臓の機能改善などの健康への役割が知られていますが、肌を潤す効果もまた知られています。

これらは、抗酸化物質ですから、油が酸素と反応することで劣化するのを防ぐ作用をもちます。そのおかげで、ゴマは長期間保存することができます。また、ゴマ油は、他の油と比べて、揚げものに長く使っても、風味が失われません。

ゴマは、和食の食材として多く使われるので、日本で多く栽培されているような印象があります。しかし、栽培地はあまり知られていません。日本での栽培は、鹿児島県の喜界島で行われています。喜界島は、鹿児島県の南にあり、奄美大島の東に位置する島です。産地がほぼここに限られているので、日本のゴマの自給率は、わずか〇・一パーセント以下です。

ゴマの力は、「世界の三大美女」の一人であるクレオパトラの美貌を支えたといわれます。「クレオパトラ」とよばれるのは、正確には、クレオパトラ七世（紀元前六九〜三〇年）です。彼女は、エジプトのプトレマイオス朝の最後のファラオ（古代エジプトの王の称号）として活躍しました。「その美貌で、ローマ帝国のカエサル（英語名　シーザー）とアントニウスという二人の英雄の心を虜《とりこ》にした」といわれます。

彼女の美しさは、エジプトやローマ帝国の歴史を動かす上で、大きな武器になったのです。そのため、「もしも、クレオパトラの鼻がもう少し低かったら、世界の歴史が変わっていただろう」といわれます。これは、フランスの哲学者パスカルの言葉です。パスカルは、「人間は考える葦《あし》である」という言葉を残した人でもあります。

三大美女の他の二人には、楊貴妃と小野小町があげられます。楊貴妃は、中国の唐の時代、玄宗皇帝の妃だった人です。「小野小町が世界の三大美女の一人にあげられるのは、日本だけである」といわれます。世界的には、小野小町に代わり、ギリシャ神話のヘレン（ヘレネ）が入れられるようです。「三大美女の三人が、ほんとうに美人であったのか」ということについては、「疑問がある」との説もあります。しかし、美女の基準はむずかしく、求められる美女像は時代によっても変化するものです。ですから、その疑問には触れないで話を進めます。

クレオパトラの美貌の一つの大きな要因は、肌の美しさでした。彼女は、「若々しさを保つために、すごく努力を払っていた」といわれます。彼女は「エステの生みの親」といわれることもあります。クレオパトラの時代に、美顔、痩身、脱毛、マッサージなどの全身美容術であるエステの概念があったかどうかはわかりません。

「彼女の美しさを支えるために貢献した」といわれる植物は、いくつかあります。その一つが、ゴマなのです。ゴマに含まれる、〝若返りのビタミン〟といわれるビタミンEや、老化を予防するセサミンやセサミノールなどが、彼女の肌のつややかな輝きを支えたのです。ちなみに、クレオパトラの美しさを支えるために貢献したといわれるのは、ゴマ以外に、バラ、ハイビスカス、アロエなどがあります。これらが、彼女にとって、〝ありがたい〟植物だったのです。

ゴマの姿や形は、印象的です。そのため、黒ゴマの姿は、「胡麻点」とよばれ、読点を意味します。また、謡《うたい》や語り物の文字の横に、旋律を示すためにつけられる符号にも使われます。強調したり目立たせるために、文字や語句の傍らにつけられたりもします。

Q「五臓六腑の垢を落とす」のは？

これはタデ科の植物で、原産地は中国の雲南省やヒマラヤ周辺とされています。日本には、かなり古くに伝えられており、縄文時代には、すでに栽培されていたとされます。種子をまいて栽培をはじめると、実がなるまでは、約七五日といわれます。

この植物の実をひいてつくった粉を水でこねて、薄くのばし細く長く切った食べ物がありま す。昔から、私たち日本人はこれをよく食べます。特に、引っ越しのときには、「近くに引っ越してきました」の意味を込めて食べます。また、大晦日《おおみそか》には、「寿命が細く長く」と願って食べます。

でも、引っ越しのときや大晦日でなくても、これはよく食べられます。ですから、これを食べるのに、そんなに深い理由はないでしょう。おいしいし、健康に良いのです。昔から、その食べ物は、「五臓六腑《ごぞうろっぷ》の垢《あか》を落とす」といわれたり、「よく食べる地方は、長生きが多い」といわれたりします。

いかにも和食の食材のような印象がありますが、日本の自給率は意外に低く、二〇一三年では約二三パーセントです。

さて、この植物は何でしょうか。

A　この植物は、ソバです。

ソバの果実をひいてつくった粉を水でこねて薄くのばし、細く長く切った食材が蕎麦《そば》です。私たち日本人は、昔から、「そばに引っ越してきました」の意味で「引っ越し蕎麦」や、「細く長く生きますように」との願いを込めて、「晦日蕎麦」などとして、よく食べてきました。

ソバは、「五臓六腑の垢を落とす」といわれて、内臓をきれいに保ち、健康と長寿を支える食べ物の原料として使われてきたのです。

「五臓六腑の垢を落とす」といわれる「五臓」とは、心臓、肝臓、脾臓、腎臓、肺の五つの内臓を指します。「六腑」とは、六種類の内臓を意味し、大腸、小腸、胆、胃、膀胱、三焦を指します。「三焦」というのは、臓器としての形は存在しません。消化吸収と大小の排泄《はいせつ》をつかさどると考えられる、概念だけの臓器です。

ソバの果実は、私たちに必要なアミノ酸を豊富に含む良質のタンパク質や、不足しがちなビタミンB群を多く含んでいます。また、鉄分やマグネシウムなどのミネラルも、精白米やコムギに比べて多く含みます。

近年注目されているのは、ソバの果実に含まれるポリフェノールの一種である、抗酸化物質の「ルチン」です。ルチンは、毛細血管のしなやかさを保つといわれています。「ソバの果実にはルチンが含まれている。そのルチンは抗酸化物質である。だから、ソバは健康に良い」とわかっていますが、ルチンは水に溶けることがよく知られています。

麺として蕎麦を食べるときには、蕎麦はゆでなければなりません。ルチンは水に溶けるのですから、ゆでるときのお湯にも溶けます。とすると、蕎麦に含まれるルチンは、水に溶けるビタミンなどとともに、お湯の中に流れ出てしまいます。そのため、「ゆでたあとで食べる蕎麦には、ルチンが含まれていないのではないか」と心配になります。しかし、昔の人は、蕎麦をゆでた「蕎麦湯」をきちんと飲んでいました。昔の人々が、蕎麦湯の中に、ルチンやビタミンが含まれることや、その薬効を知っていたわけではないでしょう。にもかかわらず、蕎麦湯を飲む習慣が昔からあるのです。

「蕎麦湯の中に、何か栄養のありそうな〝ありがたい〟ものが溶け出している」と感じた、昔の人の直感によるものでしょう。昔の人々が身につけていた、「栄養になるものを無駄にしない」という姿勢から生まれた、生活の知恵です。近年、ルチンは、その抗酸化作用が利用されて、日焼け防止の化粧品などにも使われています。

昔から、私たち日本人は蕎麦をよく食べます。ですから、その素材であるソバの自給率は高いと思われがちです。しかし、日本のソバの自給率は、約二三パーセントと低いです。そのため、国内のソバの有名な産地でソバを買い求めても、ラベルに記された産地をよく見ると、国内産ではない場合があります。

「ソバは、七五日」といわれます。種まきから収穫までの期間は、約七五日と短いのです。栽培地や気候によってもソバの生育は変わるので、この日数の真偽は定かではありませんが、収穫までの栽培日数が短いことはたしかです。ですから、「なぜ、もっと栽培しないのだろうか」との疑問がおこります。

しかも、ソバの産地といわれる地域に行くと、何の作物も栽培されていない土地が多くあります。「なぜ、ソバを栽培しないのか」と尋ねたことがあります。そのときの答えは、「種子をまいて栽培するのは容易だが、収穫するのに機械が必要であり、それを購入していては、狭い土地で栽培しても、かかる費用と見合わない」というものでした。

機械を購入して栽培するのであれば、もっと大規模にやらなければ、ソバの栽培は経済的に成り立たないということなのでしょう。この答えは一例であり、日本のソバの自給率が低い理由のすべてではないでしょう。でも、植物の性質を生かして栽培することと、実際に農作物として生産することには、大きな隔たりがあることを感じざるを得ませんでした。

二〇一六年三月、京都大学の研究者らを中心とする研究チームから、ソバのもつすべての遺伝情報を世界で初めて解読したとの発表がなされました。「これが、どんな意味をもつのか」と疑問に思われることがあります。でも、これをもとに、たとえば、ソバによるアレルギー症状が出ない品種の開発などがなされることが期待されます。

Q 「赤いダイヤ」とは？

最近は、「赤いダイヤ」という語がイチゴに対して使われることがあります。でも、この言葉の元祖は、東アジア原産の植物がつくるマメです。このマメの赤色は、アントシアニンという色素によるものです。この赤い色があまりに印象的なために、この色は、植物名がそのまま使われて、〇〇色といわれます。

「赤いダイヤ」という言葉は、このマメを商品とした先物取引を題材にした小説のタイトルとして使われました。この小説は、その後、テレビドラマ化され、映画化もされて、一九六〇年代に、この言葉は一世を風靡《ふうび》しました。「ダイヤ」はダイヤモンドのことであり、それと同じくらい価値が高いという意味です。先物取引で一攫《いっかく》千金の大儲《おおもう》けができるところから、このようにたとえられたのです。

昔から、私たちは、誕生日や祝いごとの日、氏神さまのお祭りに、このマメの入ったご飯を食べ、このマメを大切にしてきました。秋のお祭りなら、このご飯にクリを入れることもあります。家庭や地域によっては、毎月一日と一五日には、このマメの入ったご飯を炊いて、神棚に供える習慣もありました。

さて、この植物は何でしょうか。

A この植物は、アズキです。

アズキは、東アジア原産のマメ科の植物です。縄文時代の遺跡から、このマメが発掘されています。日本には、かなり古くに渡来し、栽培されていたようです。

このマメの色は赤く、「アズキ色」といわれます。ヤマブキ色やサクラ色、フジ色、モモ色、ミカン色、ダイダイ色など、花や果実の色に由来して、色の名前がよばれているものはいくつかあります。でも、アズキ色の場合は、花や果実の色ではなく、種子の色が名前になっています。よほど、このマメの色は印象的なのでしょう。

アズキ色は、抗酸化物質であるアントシアニンという物質の色です。アントシアニンは、いろいろな野菜や果物に多く含まれており、私たちには健康に良い〝ありがたい〟色素です。乾燥したアズキのタンパク質の含量は約二〇パーセントで、ダイズ、ゴマなどとともに、タンパク質源としても役に立ちます。

アズキは、昔から、日本人に大切にされてきたマメです。私たちは、誕生日や祝いごとの日、お祭りだけではなく、旧暦の一月一五日である小正月には、小豆粥《あずきがゆ》を食べてきました。饅頭《まんじゆう》の餡《あん》にも使われてきました。このように、アズキは古くから身近にあるので、ことわざや格言、言い伝えにも、この名前がよく登場します。

たとえば、「アズキは、バカに煮させろ」といわれます。これは、アズキがなかなか煮えにくいものにたとえられており、「ゆっくり、のんびりやること」を意味します。また、「キツネにアズキ飯」は、「ネコに鰹節」と同じ意味に使われます。アズキ飯はモチゴメを使わず、ふつうに食べるおコメであるウルチマイを使った赤飯で、「アズキご飯」ともいわれます。キツネはアズキが好きなようです。

「アズキは、友の露を嫌う」といわれます。これは「アズキを栽培するときには、株と株の間をあけて植えなさい」という教えです。隣の株の葉っぱの露がかかるほど接近して植えると、マメの実りが少なくなるのです。

「赤ご飯にお茶かけすると、中気になる」ともいわれました。中気とは、中風のことです。「縁起の良いものである赤飯をよく味わうこともなく、お茶をかけて流し込むなど、とんでもないこと」という意味です。そのようなことをすると、消化にも悪く、中風という病気になるという、健康面からの教えも入っているといわれます。

アズキは、餡の原料になります。餡は、マメの粒がつぶれないように煮た「つぶあん」と、煮たアズキから裏ごしをして皮を取り除いた「こしあん」がよく知られています。もう一つ、「小倉あん」というのがあり、「これは、つぶあんやこしあんと、どのように違うのか」と興味をもたれることがあります。

小倉あんは、つぶあんのことをいう場合もありますが、本来は、「大納言小豆」のような大粒のアズキを甘く煮て、こしあんに混ぜ合わせたものです。「小倉」という名称は、平安時代に、空海が中国からもたらした大粒のアズキを栽培しはじめた場所の名前に由来しています。空海は、弘法大師ともよばれ、真言宗の開祖です。

小倉という地名は、一三世紀の鎌倉時代に、藤原定家が、京都の小倉山の山荘で、百人一首を選んだ地として知られています。「小倉百人一首」に使われている「小倉」がその地名です。現在の京都市右京区にある嵯峨の小倉地区の名前です。

第二章　和食パワーの脇役は？

古くから日本で栽培され、和食の食材として、私たちの健康に貢献してきた〝ありがたい〟植物が多くあります。本章では、江戸時代に入る前までに日本に渡来し、栽培されてきた野菜を取り上げます。

野菜は、おおざっぱに、根を食べる野菜（根菜類）や、イモを食べる野菜（イモ類）、葉を食べる野菜（葉菜類）、果実を食べる野菜（果菜類）などに分けられます。ここでは、四種の根菜と三種のイモ、二種の葉菜、二種の果菜と一種の発芽野菜を紹介します。

二〇一五年、厚生労働省が、二〇一二年に行われた「国民健康・栄養調査」をもとに、「日本人における野菜の摂取量ランキング」を発表しました。本書では、以後このランキングを「よく食べられている野菜のランキング」と表示します。この調査では、ジャガイモやサツマイモなどのイモ類や、ダイズ、アズキ、エンドウ、インゲンマメなどのマメ類は除かれていました。

また、ある種苗会社が、二〇一五年、二〇〜六〇代の男女三五七名を対象に、漬物で好きな野菜をアンケート調査しました。本書では、その結果を「漬物で好きな野菜ランキング」と表示します。

① 根菜とイモ類

Q 昔の名前が「スズシロ」とは？

「よく食べられている野菜のランキング」では、この野菜は、第一位でした。日本人にもっともよく食べられている野菜ということになります。「漬物で好きな野菜ランキング」では、この野菜は、キュウリ、ハクサイに続いて、第三位でした。漬物としても、人気のある野菜なのです。

この野菜はアブラナ科の植物で、原産地はヨーロッパ南部から中央アジアです。日本へは中国大陸から、弥生時代に伝来したとされます。奈良時代に編纂《へんさん》された、現存する最古の歴史書といわれる『古事記』には、この植物は「おおね」という名前で出ています。

春の七草は、「セリ、ナズナ、ゴギョウ、ハコベラ、ホトケノザ、スズナ、スズシロ、これぞ七草」と詠《うた》われます。この野菜は、春の七草の一つで、「スズシロ」とよばれているものです。その食用部のすがすがしい白さから「清白」という字が当てられることがあります。

さて、この野菜は何でしょうか。

A この野菜は、ダイコンです。

ダイコンは、「大根」と書かれ、昔の「おおね」という名前も、食用部の大きな根に由来する呼び名です。ダイコンは、根を食べる根菜類に含まれます。ですから、食用部は、根と思われがちですが、必ずしも根ではありません。

ダイコンの食用部の上部は、緑色になっていることがあります。この理由は、栽培されているときに、食用部の上の部分が土から外に出ていて、光が当たっていたからです。光が当たると、緑色になるのは、その部分が根ではなく、茎であることを意味しています。もしダイコンの食用部がすべて根であるなら、光が当たったからといって、緑色にはなりません。

すなわち、食用とするダイコンの上の部分は茎であり、下の部分は根なのです。では、「茎と根の境目は、どこなのか」という疑問が浮かびます。「上方の三分の一あたりまでが、茎である」といわれます。しかし、厳密には、茎と根の境目は定かではありません。

食用部は、水含量が多いので、低カロリーですが、満腹感は得られます。「ジアスターゼ」という、デンプンを分解する酵素が含まれているので、お餅などを食べすぎて胃がもたれるようなときには、これですっきりとすることがあります。

辛みの成分は、アリルイソチオシアネートという物質です。これは、食用部に含まれるシニグリンという物質が、ミロシナーゼという物質と反応することでつくられます。ミロシナーゼは、食用部をすりおろすことにより出てくる汁に含まれる物質です。ですから、きめ細かにすりおろし、多くの汁が出るようにすれば、辛みの成分が多くつくられ、辛みが増します。

「なぜ、ダイコンの辛さに違いがあるのか」という疑問をもたれることがあります。たしかに、辛いダイコンや甘いダイコンがあり、一本のダイコンでも部位や季節によって辛さが異なります。この疑問には、主に、三つの理由が考えられます。

一つ目は、品種により違いがあることです。ダイコンには、辛い品種と甘い品種があります。辛みが強いといわれるのは、長野県下條村《しもじょうむら》親田《おやだ》地区で栽培される「親田辛味《からみ》大根」や長野県埴科郡《はにしなぐん》坂城《さかき》町《まち》の「ねずみ大根」などの品種がよく知られています。

「ねずみ大根」は、変わった名前なので、「その由来は、何だろう」と興味がもたれます。これは小さなダイコンで、根の先端がネズミのしっぽのように見えることにちなんでいます。また、ダイコンには、「辛丸」や「辛吉」や「辛之助」など、「辛」という字が名前についた品種が多くあります。これらは、辛みの強い品種です。

それに対し、甘さを強調するダイコンの品種はあまりありません。なぜなら、ダイコンは辛みが求められる野菜だからでしょう。神奈川県の三浦半島の特産といわれる品種「三浦大根」などは、比較的辛くないダイコンとされています。

二つ目は、同じ品種でも辛さに違いが生まれるためです。それは栽培する時期の違いによるものです。一般的に、暖かいときに栽培されていたダイコンは辛く、寒いときに栽培されていたダイコンは甘くなります。特に、冬の寒さを受けたあとのダイコンは甘くなります。寒さで凍らないように糖分などの濃度が高まるからです。

「糖分」というのは、甘みをもたらす成分で、「砂糖」と考えて差し支えありません。寒さの中で、ダイコンが糖分を増やす意味は、砂糖を溶かしていない水と、砂糖を溶かした砂糖水とで、どちらが凍りにくいかを考えれば、わかります。

砂糖水の方が、水より凍りにくいのです。そして、溶けている砂糖の濃度が高くなれば高くなるほど、ますます凍りにくくなります。たとえば、水は零度で凍りますが、砂糖水は零度では凍りません。「凝固点降下」という現象です。

「凝固点降下」の「凝固点」とは、液体や気体が固体になる温度です。そして、「凝固点降下」は、「純粋な液体は、揮発しない物質が溶け込めば溶け込むほど、固体になる温度が低くなる」ということです。言い換えると、水の中に糖が多く溶け込めば溶け込むほど、その液の凍る温度が低くなるという現象なのです。

そのため、糖分を増やしたダイコンは、冬の寒さで凍らずにいられます。実際には、寒さを受けることによって、ビタミン類などの含量が増えるので、それらの物質によっても凝固点降下の効果は高まります。その結果、ダイコンはますます凍りにくくなります。

三つ目は、一本のダイコンでも、部位により辛さが異なることです。先端の細い部分は辛いのです。「ダイコン頭、ゴボウ尻」という言い伝えがあります。この言い伝えは、ダイコンは葉っぱの近くの上部の「頭」に当たる部分はおいしいが、とがった先端の「尻」に当たる部分は辛くておいしくないことを意味しています。

ダイコンでは、とがった先端の方が成長して伸びていく部分です。ですから、先端の方を虫などにかじられては嫌なので、辛みで守っているのです。「先端が虫に食べられずに伸びるために、辛みの成分を多くもっている」といわれます。

ダイコンは、根を食べる根菜類とされますが、葉っぱも食べられます。葉っぱには、カロテンやビタミンC、ビタミンEが多く含まれており、鉄分、カリウム、カルシウムなどのミネラルも多く含まれます。

ですから、「大根どきの医者知らず」といわれます。ダイコンの食用部にも葉っぱにも、栄養が多く含まれているので、ダイコンの収穫のころには、みんなが健康になり、医者の必要がなくなるという意味です。

ダイコンの葉っぱには、栄養があるので、「大根食ったら、葉っぱ干せ」と、言い伝えられています。「捨てずに干しておけば、何かの折には、役に立つのだから」と、ダイコンの葉っぱをすぐに捨てることを戒めています。

江戸時代から昭和の初期まで全盛をきわめた栽培品種に、「練馬大根」というのがありました。現在の東京都練馬区あたりで栽培されていたものです。このダイコンがあまりに有名なので、「ダイコンの練馬」といわれ、「大根役者」といわれるのを嫌う役者は、練馬に住まなかったといわれます。

「大根役者」という言葉があるために、「役者は、この野菜を食べない」とか、「この野菜の産地である練馬に住まない」とか、いわれたのです。大根役者とは、「演技の下手な役者」や「演技力のない役者」をあざけっていう言葉です。

「なぜ、そのような役者を修飾するのに、ダイコンが使われるのか」という疑問がもたれます。これに対しては、いろいろな答えが準備されています。一つ目は、ダイコンは、どこを切っても白色でまったく同じであることです。この姿が、「素人臭くて、何の芸もない」という役者の印象になるのでしょう。

二つ目は、ダイコンは、大根おろしにされることです。たしかに、大根おろしは、この野菜の一つの食べ方です。この「おろしにされる」ということが、役をおろされる役者を連想させるのでしょう。

三つ目は、ダイコンは、「食べても当たらない野菜だ」ということです。その根拠は、「この野菜が、ジアスターゼという消化酵素を含むから」といわれます。消化に良い酵素をもつために、「当たらない役者」の代名詞に使われるのは、ダイコンにとっては、不本意なことでしょう。

四つ目は、ダイコンは多くの料理に使われますが、メニューの主役になることがないことです。そのため、「主役になれない役者」として、大根役者といわれるのでしょう。しかし、実際には、ダイコンが主役になることはあります。

たとえば、二〇一四年、ある企業により、大人三五二人を対象に、「おでんの具材の中で、どれが一番好きか」ということが調べられました。その結果、ダイコンが第一位でした。おでんでは、ダイコンは主役なのです。

二〇一五年には、ネットユーザーに対して、同じようなアンケート調査が行われました。ダイコンが、やっぱりもっとも人気がありました。ダイコンは、おでんの主役なのです。ちなみに、その他の植物では、コンニャクやジャガイモが上位にきました。

また、ダイコンが主役になる行事もあります。毎年、京都市にある千本釈迦堂などで、一二月に行われる「大根炊き」という行事では、ダイコンは主役を務めます。大きな鍋で煮たダイコンが参拝者にふるまわれます。

このダイコンを食べると、「中風にならない」とか、「悪魔よけになる」といわれます。ダイコンは根も茎も葉っぱも食べられる健康に良い野菜です。しかも、悪魔よけにもなってくれる

〝ありがたい〟植物なのです。

「ダイコンの食用部は、長い」と思われがちです。練馬大根などはその通りです。守口大根は、根の長さが一メートルを超え、長さは「世界一のダイコン」といわれます。「守口」という地名は、大阪の守口市がよく知られています。でも、守口大根の「守口」は岐阜県守口のことであり、守口大根は岐阜県守口の原産ともいわれます。

たしかに、根が長いダイコンの品種は多くあります。ところが、「ダイコンの食用部は、長い」とは限りません。京都の千枚漬けの材料になる聖護院大根は、千枚漬けのために聖護院かぶの代わりに使われるくらい、丸い球状の根です。

世界一の記録を認定しているギネスで、三〇キログラムを超えるものが登録されているのは、鹿児島の桜島大根です。このダイコンの根は丸いです。「二十日ダイコン」という呼び名で知られるラディッシュは、赤い丸い根のダイコンです。

ダイコンの食用部は長いとは、限らないのです。

Q 昔の名前が「スズナ」とは？

この野菜は、「よく食べられている野菜のランキング」では、第一八位です。でも、「漬物で好きな野菜ランキング」において、キュウリ、ハクサイやダイコン、ナスに続いて、この野菜は、第五位でした。

この野菜の栽培品種としては、京都府の伝統野菜として認められ、「聖護院」の名前を冠して「千枚漬け」に使われるものや、「すぐき漬け」に使われるスグキナや、滋賀県日野町の「日野菜」などがよく知られています。

この野菜はアブラナ科の植物で、原産地はヨーロッパです。弥生時代に、中国から日本に伝来したとされます。奈良時代の歴史書である『古事記』には、「菘菜《あおな》」の名称で記述されています。甘さ、白さが、この野菜の命といわれます。

この野菜は、「セリ、ナズナ、ゴギョウ、ハコベラ、ホトケノザ、スズナ、スズシロ、これぞ七草」と詠われる、春の七草の一つで、「スズナ」とよばれているものです。漢字では「菘」と書かれます。食用部が鈴のような形をしているので、「鈴菜」の字が当てられることもあります。

さて、この野菜は何でしょうか。

A この野菜は、カブ、あるいは、カブラです。

カブは、春の七草では、「スズナ」とよばれます。そのときには、「菘」という文字が当てられます。でも、現在の呼び名である「かぶ」や「かぶら」には、「蕪」という文字が使われます。

明治時代、大阪市の天王寺という地域は、この野菜の有名な産地でした。「天王寺蕪」とよばれた特産品が栽培されていたのです。当時の俳人、画人として知られる与謝蕪村は、そのあたりに住んでいました。

彼は、よほどカブを好きであったのか、あるいは、カブを〝ありがたい〟野菜と感じていたのでしょう。そのため、彼は、自分の俳号に「蕪」という文字を使い「蕪村」としたといわれます。

この野菜は、「漬物で好きな野菜ランキング」で第五位になるだけあって、漬物に向いています。京都の伝統食品として知られる「京都三大漬物」のうち、二つで主役になります。「千枚漬け」では、「京やさい」として認められている「聖護院かぶ」が使われます。

「すぐき漬け」では、京都市の上賀茂地区周辺で栽培される「スグキナ」が使われます。ちなみに、京都三大漬物の残りの一つは、ナス、キュウリ、ミョウガなどが素材となる「しば漬け」です。

カブは、「鈴菜」と名づけられたように、食用部が鈴のように丸く球形のものが多くあります。たしかに、「聖護院かぶ」や「スグキナ」「天王寺蕪」などは、食用部が大きな球形あるいは楕円体です。

しかし、ダイコンに、長いだけでなく丸いものがあるように、カブの中にも、ダイコンのように太く長い根をもつものがあります。その一つとして、岩手県遠野市上郷町暮坪地区の特産である「暮坪かぶ」がよく知られています。

また、滋賀県日野町に、「日野菜」という特産のカブがあります。根の下部は赤紫色で、「日野菜漬け」で名を馳せています。根の長さは二五〜三〇センチメートルで、細長いダイコンのような姿をしています。

「食用部が丸いか、太く長いか」は、カブやダイコンの品種ごとの特性であり、それがカブとダイコンという植物の種類を区別する目安とはなりません。では、「何が、カブとダイコンの違いか」という疑問が浮かびます。

カブとダイコンは、ともにアブラナ科の植物ですが、所属するグループが異なっています。カブは、ハクサイやキャベツと同じアブラナ科アブラナ属の植物です。花の色は、あざやかな黄色です。

それに対し、ダイコンはアブラナ科ダイコン属の植物です。花の色は、白色であるか、あるいは、紫がかった色です。ですから、カブとダイコンは、花の色で区別できそうですが、花の色は変化することが多いので、これは決定的な違いとは言いがたいのです。

葉っぱにも、カブとダイコンのおよその違いはあります。ダイコンの葉っぱは切れ込みが深く、カブの葉っぱの切れ込みは浅いという傾向はありますが、これも品種により、その程度は異なり、二つの植物の種類を区別する目安にはなりません。

決定的に異なるのは、植物の種ごとに決まっている染色体というものの本数です。染色体は、親から子へ伝えられる遺伝子を乗せているものであり、その本数は生物の種類ごとに、厳密に決まっています。

たとえば、私たち人間の場合は四六本です。植物では、イネなら二四本、オオムギなら一四本、ソラマメなら一二本のように、種類により決まっています。カブとダイコンでは、この染色体の本数が異なっているのです。

染色体の数は、カブが二〇本、ダイコンが一八本です。しかし、染色体の数は顕微鏡を使ってしか観察できません。そのため、カブとダイコンは、肉眼で厳密に区別できないことになります。

Q 先が見える「縁起の良い地下茎」とは？

この野菜は、「よく食べられている野菜のランキング」では、第一九位です。この野菜は八ス科の植物で、原産地は熱帯アジアです。日本には、縄文時代に中国から渡来し、この植物の種子が弥生時代の遺跡から見出《みいだ》されています。

春の七草、秋の七草はよく知られていますが、冬至に食べる「冬至の七草」とよばれる食材があります。この植物はその一つなのですが、他の六種類は、ナンキン、ニンジン、ギンナン、キンカン、カンテン、ウンドンです。ナンキンは、カボチャ（南瓜）のことで、ウンドンは、ウドン（饂飩）の古い呼び名です。

いずれも「○ん○ん」と「ん（運）」が二回もつくので、「運がつく食材」といわれます。運盛りとか、七運盛りとかいわれます。その中の一つが、この植物なのです。先が見える「縁起の良い野菜」としてお正月のおせち料理に欠かせないものです。

この野菜の植物名は、英語で「ロータス」です。野菜のときには、「ロータス・ルート」という英語名になります。「ルート」は「根」の意味ですから、「この野菜の食用部は、根である」と思われがちです。しかし、食用部は、地中で横に伸びる茎なのです。

さて、この野菜は何でしょうか。

A この野菜は、レンコンです。

レンコンは、漢字で「蓮根」と書かれ、「蓮」はハスですから、「ハスの根」という意味になります。そのため、この野菜の食用部は根だと思われがちです。でも、植物学的には、レンコンは、根ではなく、「地下茎」とよばれる部分です。地下茎とは、文字通り、地面の下を横に伸びる茎です。

この地下茎には、多くのビタミンCが含まれますから、「風邪の予防になる」といわれます。レンコンがネバッとしているのは、主に「ムチン」という物質が原因で、「ムチンは、胃腸の粘膜などを保護して疲労を回復する効果がある」といわれています。最近では、この物質はドライアイを防ぐ効果があるといわれます。

レンコンは、泥水の中で栽培されます。多くの植物は、泥水の中で、育つことができません。なぜなら、植物の根は呼吸をしていますから、酸素が必要です。ところが、泥水の中では、空気がほとんどないので、酸素が不足します。そのために、多くの植物は、泥水の中では生きていけないのです。

植物が泥水の中でも生きるには、そのためのしくみが必要です。そのしくみをもつ代表が、レンコンです。レンコンの穴の中には、空気（酸素）が保たれています。泥水につかっているレンコンの穴には、地上の葉っぱから空気が送られているのです。

「ほんとうに、葉っぱから、地中にあるレンコンの穴に空気が送られるのか」という疑問がもたれることがあります。その疑問に答えるような、イベントがあります。七月になると、京都や奈良のハスが育つ池のあるお寺で、「ハス酒を楽しむ会」というイベントが行われることがあります。

ハスの葉っぱに長い柄をつけて、池から切り取ってきます。その葉っぱの部分を盃《さかずき》に見立てて、お酒を注ぎます。お酒が通りやすいように、葉っぱの中央にある〝へそ〟のような部分を少しつつきます。そして、長い柄の下の切り口から吸うのです。すると、お酒が葉っぱから柄を通り、口に入ってきます。

このお酒には、ハスの香りが含まれているので、「ハス酒」といわれます。お酒を注がれたハスの葉っぱは、横から見ると、象の鼻のような長い柄をつけた盃のような姿に見えます。ですから、「象」と「鼻」と「盃」という文字を並べて書いて、「象鼻盃」とよばれます。

これで、おわかりのように、葉っぱの中央に、〝へそ〟から葉っぱを支える柄に通じる隙間があるのです。その隙間はそのままレンコンの穴につながっており、空気は、この隙間を通って泥水の中にあるレンコンに送られているのです。

ところで、レンコンの穴はいくつあるか、数えたことはありますか。中央には、小さな穴がいくつかあることがあり、正確な数に迷います。でも、多くの場合、中央の小さな穴を無視すれば、丸く輪を描くように九つの穴が並んでいます。二つが小さくて、大きいのが七つです。小さい二つが、泥水の中で育っているときには、上に位置しています。

「驟雨《しゅうう》」という作品で芥川賞を受賞した作家、吉行淳之介は、レンコンの穴を見て、歌を残しています。「一升の濁れる酒に眼を据えし　蓮根の穴はここのつありし」というもので、「レンコンの穴は九つある」と歌に詠んでいるのです。

この穴を覗《のぞ》くと「先が見える」ということで、レンコンは縁起が良いものとされ、お正月のおせち料理などで使われます。また、レンコンには、レ「ン」コ「ン」と、「ん」という文字が二つもつきます。「ん」は幸運の「運」や、「運がいい」というときの「運」に通じます。そのため、レンコンは、「運」がつく縁起の良い食べ物とされています。

このように、レンコンは、風邪の予防など健康に貢献し、運をもたらし、先を見せてくれるという、〝ありがたい〟野菜なのです。

Q 「腸の掃除屋」とは？

この野菜は、「よく食べられている野菜のランキング」では、第一五位です。これはキク科の植物で、原産地はヨーロッパから中国にかけての地域です。日本には、平安時代に中国から薬草として伝わりました。

その後、日本で食用として栽培される品種が育成され、野菜として栽培されてきました。食用部には食物繊維が多いので、腸をきれいにしてくれることから、「腸の掃除屋」という呼び名があります。

家庭菜園で栽培されることがめずらしい野菜なので、花が見られることはほとんどありません。花を見る機会があれば、小さな花が集まって、一つの花のように見せるという特徴があるので、キク科の仲間であるとわかります。同じキク科のタンポポの根に似て、この植物の根は太く長く伸びます。

いかにも、和食らしい食材で、お正月のおせち料理にもお煮しめとして使われます。ただ、この食感は世界で受け入れられないのか、これをふつうの野菜として食べるのは、日本と台湾だけといわれます。漢字では、「牛蒡」と書かれます。

さて、この野菜は何でしょうか。

A この野菜は、ゴボウです。

ゴボウは、お正月のおせち料理のお煮しめやたたきゴボウなどに使われる縁起の良い食材です。ゴボウの根は、細く長くしっかりと地中に伸びています。ですから、これらの料理には、「家庭の基礎が、このように堅固なものであってほしいとの願いが込められている」といわれます。

「根掘り葉掘り」という言葉があります。こと細かくしつこく問いただすことをいいます。「葉掘り」は、「根掘り」に合わせて口調が良いのでつけられただけで、大した意味はないといわれることもあります。でも、根を根本と考えると、葉は枝葉を指し、根本から枝葉末節まで、残らず問いただすことともいわれます。

また、「根掘り葉掘り　ごぼうの根まで」といわれることもあります。これは、「根掘り葉掘り」でも十分しつこいのですが、ゴボウの根が深くまで伸びていることを加えて、ますますしつこく深く問いただす感じが出てくる表現です。

ゴボウには、「アルギニン」という成分が多く含まれています。これは、〝元気〟の出るドリンク剤に使われる物質です。この成分を生かして、「滋養強壮に効果がある」といわれる独特のゴボウ料理があります。

根をササの葉の形のようにうすく削って、ゴマ油でいためて、醬油と砂糖で煮たものです。これに、トウガラシなどを加えて、辛みを利かすこともあります。この料理には、「まさかり担いだ金太郎」の息子で、怪力であったといわれる「金平《きんぴら》」の名が冠せられています。

その料理は、「金平ゴボウ」です。金平は、「まさかり担いだ金太郎」が成長した坂田金時の子どもです。坂田金時も、金平も、架空の人物です。しかし、豪傑として、おとぎ話や浄瑠璃の世界などに登場します。強く、勇ましく、丈夫なものの象徴となっています。金平ゴボウは、ゴボウの栄養を生かした、滋養強壮に効果がある料理なのです。

ただ、「ゴボウを食べるのは、日本と台湾だけ」といわれますから、外国人にこの野菜の料理をごちそうするときは注意しなければなりません。第二次世界大戦中に、「捕虜が、野菜不足になってはいけない」と思い、アメリカ人の捕虜に、食事でこの野菜を食べさせました。戦後、「日本人は、捕虜に〝木の根〟を食べさせて虐待した」といわれ、訴えられたといわれます。

ゴボウには、セルロースやリグニンが多く含まれています。これらは、代表的な食物繊維であり、胃や腸で吸収されずに腸内で水を吸って移動し、腸内の不要な物質を便として排出するはたらきがあります。そのため、「腸の掃除屋」とよばれるのです。

「ダイコン頭、ゴボウ尻」といわれることは、ダイコンの項で紹介しました。「ダイコンは、先端が伸びるので、虫に食べられては困るから、とがった先端がおいしくてはいけません。だから、頭の方がおいしいのです」と紹介しました。

ゴボウも、先端が伸びます。だから、ゴボウでも、ダイコンと同じように、とがった先端がおいしくてはいけません。虫に食べられては困るからです。では、なぜ、ゴボウでは、「ゴボウ尻」といわれ、とがった先端の方がおいしくてもいいのでしょうか。

私たちがゴボウを食べるときには、えぐみや苦み、渋みなどの成分を取り去る「灰汁抜《あく》き」をしなければなりません。ということは、ゴボウは全体に灰汁を多く含むのです。この灰汁が虫に食べられることから、からだを守っています。ですから、灰汁抜きをしたあと、食べるときには、伸びていく先端の方が新鮮でやわらかくておいしいのです。

昔から、「ゴボウを同じ土地に二年作らぬものは馬鹿」といわれます。多くの植物は、同じ場所で、毎年栽培される「連作」を嫌がります。ところが、ゴボウは、同じ土地で続けて栽培したところで、病気にもかからず、収穫量が減ることもないのです。同じ意味で、「ナスは輪作、ゴボウは連作」といわれます。輪作とは、同じ土地に、毎年、異なる種類の作物を植え、いくつかの作物を、一定の周期で循環して栽培することです。

近年は、根だけでなく、葉や茎を食用とする品種が栽培されています。大阪府の八尾市の特産物がよく知られており、「葉ごぼう」や「若ごぼう」とよばれています。

Q 英語で「デビルズ・タング（悪魔の舌）」とは？

これはサトイモ科の植物で、原産地はインド、スリランカといわれます。日本には、縄文時代に中国から伝えられたと考えられています。中国では、「蒟蒻」と書かれます。私たちには、読むことはできても、書くことがむずかしい漢字です。

私たちがふつうによぶ植物の名前は和名ですが、それぞれの植物には、国際的に通じる学名という名前があります。学名は、その植物が属する属名と、その植物の特徴を表す種小名の二つから成り立ちます。この植物の種小名には、めずらしく、和名が使われています。

この野菜は、ヌルヌルの食感が外国人には嫌われますが、名前も嫌われていそうです。英語名は「デビルズ・タング」で、「デビルズ」は悪魔で、「タング」は舌ですから、「悪魔の舌」という意味です。「その食感が外国人には気持ち悪く、『悪魔の舌』のように感じられる」といわれます。また、「この植物の花の姿が『悪魔の舌』に見立てられる」ともいわれます。

いくつかの植物に、その植物の日というのが決められています。多くの場合、語呂合わせで、月日が当てられます。わかりやすいのは、ゴーヤの日です。ゴ（五）ーヤ（八）となり、五月八日です。語呂合わせから、この植物の日は、五月二九日とされています。

さて、この野菜は何でしょうか。

A　この野菜は、コンニャクです。

コンニャクの学名は、「アモルフォファルス　コンニャク」で、「アモルフォファルス」は、不格好な花の姿にちなんだ語であり、種小名には「コンニャク」という日本名がそのまま使われています。「コンニャクの日」が五月二九日なのは、語呂合わせで、コ（五）月ニ（二）ャク（九）日です。

土の中で球根が成長し、五～六年間、成長を続け、六～七年目を迎えると、花が咲きます。この花は、いい香りではなく、臭気を放ちます。その匂いに誘われてやってくるのは、ハチやチョウではありません。ハエなのです。ハエに花粉の移動を託している花です。

コンニャクの球根は、茎が球状に肥大したものなので、「球茎」といわれます。この球茎が、「コンニャクイモ」とよばれます。花が咲くと、球茎の栄養が種子をつくるために花の部分に移動するので、球茎の質が悪くなります。

そのため、ふつうには、花がまだ咲かない三～四年目に地中の球茎を収穫します。このイモを原料に、板こんにゃく、糸こんにゃく、白滝などがつくられ、おでん、田楽などにも使われます。食物繊維が主な成分であるので、満腹感は得られますが、カロリーが少ないので、ダイエットに最適です。

数年前、ブラジルで、糸こんにゃくが売り切れるという騒ぎがおこりました。食物繊維が豊富で、ダイエットに効果的と、あるテレビ番組で紹介されたことがきっかけといわれました。日本では、コンニャクのこの効果はよく知られています。

でも、ブラジルでは、「デビルズ・タング（悪魔の舌）」といわれ、食べられていなかったのです。そのとき、目をつけられたのが、日本人向けに売られている糸こんにゃくだったのです。板こんにゃくと違って、糸こんにゃくなら、麺類のように調理されるからといわれました。

この植物のイモの主成分は、グルコマンナンという食物繊維です。これは、消化されにくく、胃や腸を通りすぎても、そのまま排出される物質です。そのため、古くから、「コンニャクは、からだの砂払い」といわれ、「からだの中に溜《た》まった砂を出すはたらきがある」と考えられてきました。「からだの砂払い」といわれると、「昔は、食べ物が汚かったので、砂がからだに溜まっていたのか」と考えられることがあります。しかし、昔でも、砂がからだに溜まるほど、食べ物が汚かったはずはありません。

この場合の「砂」は、老廃物などを指していると思われます。実際に、コンニャクには、胃腸のはたらきを良くし、排便を良くし、老廃物を排出するはたらきがあります。また、「たとえ砂が溜まっていても、コンニャクに含まれる食物繊維は排出してしまう」という意味でしょう。そのため、「胃腸をきれいに掃除する」という意味から、「胃のほうき」とよばれています。

「胃腸をきれいにするのなら、『胃のほうき』ではなく、『胃腸のほうき』ではないのか」との疑問もあるでしょう。ところが、「胃腸のほうき」という名前は、食物繊維が豊富で、コンニャクと同じように胃腸を掃除するといわれるホウレンソウに与えられています。

日本では、数年前、レバ刺しが食中毒事件をおこし、発売禁止になりました。その際、酸化鉄で赤みをつけた滋賀県の赤こんにゃくが人気となりました。現在でも、食感が同じということで人気があります。

仲間に、大きな花を咲かせるショクダイオオコンニャクがあります。花が咲いた姿がロウソクを立てる台である燭台《しょくだい》に似ているので、「燭台大コンニャク」です。インドネシアのスマトラ島に自生しているので、スマトラオオコンニャクという名前でよばれることもあります。

花の咲くのがめずらしく、その花は大きいので、植物園などで花が咲くと話題になります。花の大きさは、直径一メートル、高さも三メートルを超えるものがあります。実際には、小さな花が集まって大きな花になっているのですが、世界一の記録を認定しているギネスでは、「世界一大きな花」とされています。

また、この植物の花が咲いたときに放散される臭いは、興味を引きます。腐った肉の臭いと、何日間も洗濯をせずに履き続けた靴下の臭いをまぜた悪臭と形容されます。この植物は、この匂いでハチやチョウを引き寄せようとしているのではなく、この臭いが好きなハエを寄せて、花粉の移動を託すのです。

Q「子イモの親イモ」とは?

これは、インド東部からインドシナ半島を原産地とする植物です。「日本には、縄文時代から弥生時代にかけて伝来した」と考えられており、「イネが栽培されるまでは、主食であった」との説があります。そのようにいわれるだけに、このイモの主な成分は、エネルギー源となるデンプンです。このイモの葉柄は、ズイキ（芋茎）として食用に供せられます。

親株のイモは、お正月に食べる「頭芋《かしらいも》」です。京都のお正月には、「人の上に立つ頭になるように」との意味で、この頭芋をお雑煮の中に入れて食べる風習があります。「これを食べきらないと、おせち料理に手を出せない」といわれる家庭もあります。

親芋のまわりにつくられるイモがコイモ（子芋）であり、コイモのまわりにつくられるのがマゴイモ（孫芋）です。このように代々の世代のイモがつくられるために、子孫繁栄の象徴として、このイモは大切にされています。

プールなどが人で混み合っている状態は、「芋の子を洗う」と表現されます。これは、このイモの皮を剥くときの様子をたとえたものです。桶に水を張り、子イモを隙間がないほどいっぱいに入れて、板を回転させ、子イモどうしがぶつかることで、イモの皮をはがすのです。

さて、この野菜は何でしょうか。

A この野菜は、サトイモです。

サトイモに含まれるヌルヌルの独特の成分は、ヤマイモやオクラなどに含まれるヌルヌルの物質と同じで、ムチンが主なものです。ムチンは、胃腸の粘膜を保護し消化吸収を促進してくれたり、胃や腸の調子を整えてくれたりするのに役立ちます。

このイモには、ガラクタン、マンナンという物質も含まれています。これらも「ぬめり」をもたらすものです。ガラクタンは免疫力を高め、コレステロールの値を抑え、マンナンは整腸作用により便秘の予防などにはたらくといわれます。

サトイモの葉っぱの表面に落ちた水滴は、コロコロと水滴になります。なぜ、コロコロの水滴になるのでしょうか。「葉っぱの表面がツルツルだから」と思われがちですが、そうではありません。まったく逆です。

表面はツルツルのように見えますが、顕微鏡で葉っぱを観察すると、サトイモの葉っぱの表面は、デコボコなのです。葉っぱの表面には多くの小さなコブがあり、そのコブの先端に水をはじく物質が少しついています。

だから、葉っぱの表面に落ちた水は、はじかれて、丸い水滴になり、コロコロと転がります。転がりながら、葉っぱの表面にある小さなゴミや虫を絡めて落ちていきます。そのために、葉っぱの汚れが落ち、葉っぱの表面は、いつも光るようにきれいに輝いているのです。

Q「ウナギになれるイモ」とは？

これは、日本の特産とされる植物です。英語でも「ジャパニーズ・ヤム」とよばれ、いかにも日本特産であるかのように思われます。たしかに、日本も原産地の一つですが、アジア東部に広く分布する植物です。

地中にできる食用部の細長い形状がウナギの姿に似ているので、「このイモがウナギになる」という俗説があります。「物事が突然に意外なものに変化したり、思いもよらない変化が生じたりする」ことや、「身分の低いものが急になりあがる」ことのたとえに使われます。

これは、ネバネバの液が印象的な植物です。日本原産のものは、「ジネンジョ（自然薯）」といわれます。栽培されて市販されているのは、中国が原産の「ナガイモ」です。これらのイモの特徴であるネバネバの成分は、ムチンです。ムチンは、粘膜を潤し、保護するはたらきがあります。また、粘膜をおおい、糖類の吸収を遅らせるので、糖尿病などの予防に良いのです。

長い棒状の食用部は細長く、一～二メートルにも達します。塊根といいますが、この部分はすっかり根ではなく、茎と根の中間的な性質をもつといわれます。すりつぶすと、とろりとした粘り気がある様子から「とろろ」とよばれ、とろろ汁やとろろ飯に使われます。

さて、この野菜は何でしょうか。

A この野菜は、ヤマノイモ、あるいは、ヤマイモです。

ヤマノイモ、あるいは、ヤマイモという名前は、日本特産といわれるジネンジョと、中国原産のナガイモに用いられます。英語では、ジネンジョは「ジャパニーズ・ヤム」であり、ナガイモは「チャイニーズ・ヤム」です。別の品種に、ツクネイモがあります。

ネバネバの主な成分は、ムチンです。ネバネバの中には、アミラーゼという消化酵素が入っているので消化にいいのです。手が痛くなるのは、針のような形のシュウ酸カルシウムという物質をもっているからです。

「ヤマノイモがウナギになる」という俗説は、形状が細長く、ウナギに似ているため、ヤマイモからウナギが生まれるという意味です。これは、「蕪は鶉となり、山の芋鰻になる」ともいわれ、カブがウズラになるといわれるのと同じ意味です。いずれも、思いもかけないことがおこる」というたとえに使われます。

この植物は、花粉をつくる雄株と実をつくる雌株が別々です。雄株の花粉がうまく雌株につくかが心配なのか、雄株も雌株も、「ムカゴ」というのをつくります。ムカゴは、葉のつけ根にある芽が栄養物質を貯蔵して球状に肥大したものです。これは、成熟すると、地上に落ちて発芽し、新しい個体をつくります。ムカゴは、食用にもなります。

②　葉菜、果菜と発芽野菜

Q「鍋料理の名脇役」とは？

この野菜は、「よく食べられている野菜のランキング」では、第一二位です。これはユリ科の植物でしたが、新しい分類によると、ヒガンバナ科とされます。この野菜の原産地は、中央アジアです。この植物はニラとともに、主に葉や茎を食用とする野菜です。

日本には、弥生時代に伝えられたとされます。学名は、「アリウム・フィストゥロースム」です。「アリウム」は、ラテン語でニンニクを意味し、同じ仲間であることを示します。「フィストゥロースム」は、「管のようになっている」ことを意味し、この野菜の形状を示します。

この野菜は、「鴨《かも》が背負ってくる」といわれます。鴨の鍋料理に入れる野菜を鴨がもってきてくれれば、これほど好都合なことはないので、おあつらえ向きの状況を表現するのに使われます。この野菜は、鴨鍋には欠かせぬ素材とされているだけでなく、あらゆる鍋料理の素材として活躍するので、「鍋料理の名脇役」とよばれます。

さて、この野菜は何でしょうか。

A この野菜は、ネギです。

「よく食べられている野菜のランキング」の第一二位は、正確には、ネブカ（根深）ネギです。「根深」というのは、土に埋まった部分が多くなるように栽培されるので、白色部分の多いネギの総称です。ネギについて、「関東は白、関西は緑」といわれます。

このようにいわれるのは、江戸時代、関東地方の人々には、白色部分の多い「白ネギ」を、関西地方の人々には、緑色部分の多い「青ネギ」を、好んで食べる習慣があったからです。そのため、その時代、関西人は「関東人は、根まで食べる」と驚き、関東人は「関西人は、緑の葉っぱまで食べる」と不思議がったといわれます。関東と関西の食習慣の違いの一つです。

「ネギに含まれるどろっとした粘り気のある液は、何のためにあるのか」という質問を受けたことがあります。ネギのどろっとした液は、品種によって、多いものもあれば少ないものもあります。京都の伝統野菜になっている「九条ネギ」には、かなり多く含まれています。虫は、ネギを噛んであのどろっとした液が出てきてからだにつくと、気持ち悪く感じ、ネギを食べるのをやめるでしょう。ネギは、虫に気持ち悪がらせて、自分のからだを食べられないようにしているのです。

どろっとした液は、人間には栄養になります。あの液の中には、糖や食物繊維など、健康を守るいろいろな物質が混じっています。粘り気のある主な成分はペクチンという物質です。

Q「命を蘇らせる紫の草」とは？

　この植物は、中国を原産地とするもので、平安時代から日本で栽培されています。この植物の葉っぱには、さわやかな香りがあり、「和製ハーブ」といわれます。香りの成分は、「ペリル（ラ）アルデヒド」が中心で、リモネンやピネンが含まれています。

「ペリラ」は、この植物の属名であり、英語名でもあります。その香りには、抗菌作用があり、食べ物が腐るのを抑える作用があります。ワサビとともに刺身に添えるのは、香りのこの作用を期待してのものです。

　この植物は、「命を蘇《よみがえ》らせる紫の草」といわれます。この名前は、「カニによる食中毒で死にかけていた若者にこの植物の葉っぱを煎じて飲ませたところ、たちまち元気になって命を蘇らせた」という言い伝えに由来するといわれています。

　また、この植物には、〝赤〟と〝青〟があります。〝赤〟と〝青〟は、葉っぱの色です。〝赤〟は、アントシアニンを含み、梅干しなどに使われ、その色は紫色と表現されます。〝青〟は、緑色の葉っぱであり、刺身などに添えられます。

　さて、この野菜は何でしょうか。

A この野菜は、シソです。

シソは、「命を蘇らせる紫の草」といわれるので、漢字では、その意味を込めて、「紫蘇」と書かれます。「赤ジソ」と「青ジソ」があります。香りの成分の「ペリル（ラ）アルデヒド」は、抗菌作用が強く細菌類の増殖を抑える作用があります。青ジソの葉が大葉とよばれて刺身などに添えられるのは、彩りだけではなく、この効果を期待してのものです。抗菌の効果は、細かく刻んだ方が高まります。

シソが香り高いのはそのはずで、ラベンダー、ローズマリー、ミントなどの多くのハーブがこの植物の仲間です。これらの植物が仲間であることを知るのは、見かけだけからはむずかしそうです。でも、この仲間にはわかりやすい特徴があります。二本の指で茎に触れてみればよいのです。多くの植物の茎は丸いものですが、シソ科の植物では、茎が四角です。多くのハーブがシソ科の植物ですから、茎は四角なのです。

多くの虫は、シソの香りの成分である「ペリル（ラ）アルデヒド」を嫌がり、葉っぱを食べません。葉っぱの香りは、虫への嫌がらせになっているのです。ところが、家庭菜園などで、シソを栽培すると、葉っぱは虫に食われていることが多いです。「タデ食う虫も好き好き」といわれる通りに、それを食べる虫がいるのです。ヨトウガ（夜盗蛾）の仲間であるハスモンヨトウはシソの葉が大好きであることが知られています。

青々としたシソの葉っぱは、一年中、刺身に添えられています。家庭菜園などでは、シソは春に発芽し、夏から秋にかけて、葉っぱを次々とつくりだすので、その葉っぱを利用できます。しかし、この植物は、夏至を過ぎて昼が短くなり夜が長くなると、ツボミをつくり、花を咲かせます。花が咲いたあとには、葉っぱに含まれていた栄養が種子をつくるために使われます。そのため、秋には葉っぱは青々とした緑の美しさを失います。そして、寒くなると、シソは寒さのために枯れます。

ですから、ふつうなら、「なぜ、寒い時期にも青々とした葉っぱがあるのか」と、不思議に思われるはずです。ところが、見慣れているためか、多くの人々には不思議に思われていないようです。そこで、少し物知り顔の人に、「どうして、寒い時期にも青々とした葉っぱがあるのか」と、あえて尋ねてみます。すると、「暖かい温室で栽培されているから」という答えが即座に返ってきます。答える人の顔には、「なぜ、そんな当たり前のことを、わざわざ質問するのか」というような怪訝な表情が浮かんでいます。

一年中、刺身に青ジソの葉を利用するために、暖かい温室で栽培されているのは事実です。ですから、その答えが間違っているわけではありません。でも、その答えだけでは、何か物足りません。

なぜなら、この答えは、シソが花を咲かせないためになされている努力にいっさい触れていないないからです。「暖かい温室で栽培されたから」といって、シソは一年中青々とした葉っぱをつけているわけではないのです。

一年中青々とした緑の葉っぱを手に入れるためには、温室の中でツボミをつくらせてはいけません。温室で栽培する秋から冬は、夜が長くなります。ですから、放っておけば、シソは、ツボミをつくり、花を咲かせます。

そこで、寒さを避けて温室で栽培するだけでなく、長い夜を与えない工夫をしなければなりません。温室の中を電灯で照らして、夜に明るくするのです。この栽培方法は「電照栽培」といわれます。「暖かい温室で栽培されているから」という答えでは物足りなく感じる理由が理解してもらえると思います。

二〇一二年八月には、京都大学の研究チームが「青じそが老化を予防する」という効果を発見しました。「DDC」と省略されて表されるポリフェノールの一種である「2',3'-dihydroxy-4',6'-dimethoxychalcone」が、その効果をもたらすのです。

「この物質の効能を受けるためには、どれだけ食べたらいいのか」と、気になります。この物質によって、老化を予防するためには、「一日数キログラムの青ジソを食べる必要がある」ということでした。毎日、そんなに多くは食べられません。ですから、この物質は薬品として開発され、利用されることが目指されます。

Q「水の神様の大好物」とは？

この野菜は、「よく食べられている野菜のランキング」では、第八位です。果実の部分を食べるので、トマトと同じように、果菜類に分けられます。一年中売られていますが、本来は、夏が旬の野菜です。ナスとともに、この野菜は、浅漬けの素材として定番です。そのため、「漬物で好きな野菜ランキング」において、この野菜は第一位でした。

これは、インドなどの熱帯アジアを原産地とするウリ科の野菜です。中国では、「西方の胡の国から来た瓜」という意味で、「胡瓜」と書かれました。「唐瓜」との名称もあります。日本には、平安時代に伝えられたとされます。

この野菜は、世界一のものを記録するギネスブックで「もっとも栄養のない野菜」といわれます。この理由は、この野菜には、水分が多く含まれ、カロリーが低いからです。正確には「もっとも低カロリーの野菜です」というのが、正しいです。

これは、カッパという名前でよばれることがあります。カッパ（河童）という想像上の動物は、「水の神様」にたとえられたり、「水の神様」の縁者とされたりします。この野菜は、水分が多いので、カッパの好物とされ、実際に、お寿司屋さんなどでは、「カッパ」とよばれます。

さて、この野菜は何でしょうか。

A この野菜は、キュウリです。

キュウリは、スイカやカボチャの仲間で、ウリ科の植物です。これらは、漢字で書くと、それぞれ「胡瓜」「西瓜」「南瓜」であり、ウリ科に属する仲間であることがわかります。この野菜の水分含量は、約九五パーセントと高く、カロリーは低いです。キュウリは水分含量が多いおかげで、「水神様の妖精」といわれ、カッパという別名をもらっています。お寿司屋さんでは、「かっぱ巻き」の素材として人気です。

野菜は、栄養があるから、食べられます。しかし、それだけではないのです。もしもそうなら、ギネスブックで「もっとも栄養のない野菜」といわれるような野菜は、あまり食べないはずです。野菜を食べるのは、栄養のためだけではありません。

夏に食べるさわやかなキュウリの食感は、さっぱりした食味とともに、この野菜のおいしさの魅力です。栄養的には、六大栄養素の一つであるミネラルは十分に含まれています。ミネラルの中でも特にカリウムは多く含まれ、その利尿効果のおかげで、排尿が促され体温が下がるので、暑い夏にふさわしい野菜といえます。

キュウリの果実の表面に出てくる白い粉は、「ブルーム」といわれます。これは、水をはじき、キュウリを病原菌の感染から保護するはたらきがあります。ところが、「この白い粉は、カビが生えている」とか、農薬が乾いた粉末が付着しているものといわれ、嫌われました。

そこで、白い粉であるブルームがないという意味の「ブルームレス」とよばれる多くの品種が工夫されてつくられています。でも、ブルームが嫌われる必要はないのです。主成分はケイ素で、キュウリの成分に含まれるものであり、カビでも農薬でもありません。このため、「ブルームレス」の品種は、病気にかかりやすい傾向があるといわれます。

また、キュウリの果実では、表面にあるトゲが気になります。「なぜ、鋭いトゲがあるのか」という疑問が思い浮かびます。鋭いトゲは、キュウリの新鮮さを象徴しています。トゲが鋭いほど、キュウリは新鮮なのです。

私たちが食べるキュウリは完熟していない果実で、含まれる種子がまだできあがっていません。種子ができていないのに、動物に実ごと食べられてはたまりません。だから、キュウリは、種子ができあがっていない間、鋭いトゲで食べられないよう、実を守っているのです。

熟してくるにつれて、トゲは鋭さをなくします。家庭菜園で葉っぱに隠れていたために、収穫を忘れられた果実は、黄色くなり、太く長い姿でびっくりするような大きさになります。だから、「黄瓜」と書かれることもあります。こんなキュウリには、鋭いトゲはありません。

家庭菜園やプランターでキュウリが栽培されると、果実がまっすぐ伸びずに曲がることがあります。まっすぐな果実を見慣れている私たちには、「なぜ、曲がってしまうのだろうか」との疑問がもたれます。しかし、キュウリは曲がっていても不思議ではありません。

キュウリが曲がるのは、曲がる側の内側があまり成長せずに、外側がよく成長するからです。この成長の違いが生じる原因は、いくつか考えられます。

キュウリの花が咲いているとき、雌花の基部には、成長前の小さな果実がすでにできあがっています。多くの場合、それらは、まっすぐ下に垂れているのではなく、横向きになっています。だから、上側になっている部分と下側になっている部分の成長に差が生じがちです。でも、株が若いときには、元気がいいので、水をどんどん吸収します。水が果実に送られてくると、成長の差が生じる間がありません。果実はぶらさがってまっすぐに下へ伸びます。

しかし、果実が大きくなってくるとき、水の供給が遅れたり不足したりすると、キュウリの果実は水分含有量が高いので、水の少しの不足が成長に影響し、成長の差が生じて曲がってしまうのです。

その他、乾燥や接触や肥料の不足で、成長の偏りにより曲がることがあります。何かに触れていると、たとえば地面とかネットやツルに触れていると、それとの接触が原因となって曲がります。曲がったからといって、味が変わるわけではありません。

現在、スーパーや八百屋さんで売られているキュウリは、運搬のために箱に詰めやすいように、まっすぐのものが選ばれています。

Q「千に一つも仇《あだ》はない」といわれるのは？

この野菜は、「よく食べられている野菜のランキング」では、第一六位です。これは、インドが原産地の野菜ですが、タバコ、ジャガイモ、トマト、ピーマンなどの仲間の植物です。この野菜の英語名は、エッグプラント（eggplant）といわれます。果実の形がタマゴに似ているからでしょう。

日本では、奈良時代から食べられてきた野菜です。「漬物で好きな野菜ランキング」において、この野菜は、キュウリ、ハクサイ、ダイコンに次いで、第四位でした。さわやかでさっぱりした漬物の味は、暑い夏に、多くの人々に愛されているのです。

この野菜の果実の皮は、光が強く当たるほど、きれいなつやのある紫色になります。この色は、アントシアニンの色です。果実の中の種子は、この色素で、紫外線から守られています。

この野菜は、「千に一つも仇はない」といわれます。「仇」は、あだ花のことであり、咲いても実を結ばない花のことです。ですから、「この植物では、花が咲けば、千に一つも無駄な花はない」という意味になります。花が咲くと必ず実をつけることから、「親の意見とこの野菜の花には、千に一つも仇はない」などともいわれます。

さて、この野菜は何でしょうか。

A この野菜は、ナス、あるいは、ナスビです。

ナスの実のつやのある紫色は、「健康に良い」といわれるアントシアニンです。ナスのアントシアニンは、ナスニンという物質ですが、アントシアニンの一種です。アントシアニンは、有毒な活性酸素を消し去る作用のある抗酸化物質の一つです。

また、この野菜は、水分が多いので低カロリーで、ビタミン、ミネラルも適度に含まれています。ぬか漬けにすると、ぬかに含まれるビタミンB_1がしみ込むので、ビタミンB_1の含有量が増え、栄養的価値が高まります。

「秋ナスは、嫁に食わすな」と言い伝えられています。これには、二通りの意味があるといわれます。一つ目は、「秋ナスはおいしすぎるから、嫁に食べさせるのはもったいない」という意味で、意地の悪い姑《しゅうとめ》の言葉という説です。

二つ目は、「ナスはからだを冷やすので、流産などの原因になり、嫁のからだに良くない。秋には、からだが冷えやすくなるので、秋ナスは、特に良くないのだ」という、思いやり深い説です。ナスには、カリウムが豊富に含まれています。このため、利尿作用が高くなり、からだが冷えます。このことが、流産などの原因になるので、「嫁のからだに良くない」という科学的な説明がなされています。

この野菜には、もう一つ真意の定まらない悩ましい言い伝えがあります。「一富士、二鷹《たか》、三ナスビ」というものです。この野菜が、縁起の良い三大初夢の一つにあげられるのです。現在、ナスは身近にありすぎます。ですから、富士山や鷹に匹敵するほど、りっぱなものとは思えません。なぜ、富士や鷹に並んで、ナスが出てくるのでしょうか。いろいろなことがいわれています。

この言葉は、駿河の国（現在の静岡県）で生まれたようです。駿河には、当時、一面のナス畑が広がっており、その風景がすばらしかったといわれます。富士山を背景に、鷹が飛び、ナス畑が一面に広がるという風景から、このようにいわれたのでしょうか。

あるいは、「徳川家康が、好きなものを三つ並べただけ」とか、「家康の国、駿河が世に誇るものを三つ並べただけ」ともいわれます。これらに対し、もう少し深い意味を込めたものだという説もあります。

「秋ナスは、嫁に食わすな」といわれるくらい貴重なものであったのです。ですから、富士や鷹に並べられるほど、価値のあるものだという説です。また、富士は「無事」、鷹は「高く」、ナスは「事を成す」を意味するという説もあります。これによると、「無事に、志を高く、事を成す」という願いを表現したというのです。

「親の意見とナスビの花には、千に一つも仇はない」というナスの子を残す性質に基づくという説もあります。ナスの姿を、子どもを宿す豊満な妊婦の姿に見立てて、その象徴とし、子孫繁栄を願うという意味です。その説に従うと、ナスはあがめられる野菜となります。子どもの出産を年の初めに感じるという縁起の良さを込めたというものです。これは、多くの子どもを残した家康ならではの説です。ちなみに、徳川家康の子どもは、一六人（男子一一人、女子五人）とか、一八人（男子一二人、女子六人）とか、いわれています。

このような説が並べば、どれももっともらしいです。でも、八百屋さんやスーパーマーケットに並ぶ「ナス」を見ると、「ナスに、『富士』や『鷹』に並び称せられる何かがあるのか」という疑問は、やっぱり残ります。

「親の意見とナスビの花には、千に一つも仇はない」という言い伝えによると、ナスでは、花が咲けば、確実に、実がなると思われがちです。ところが、実際に栽培していると、ナスにも「花が咲いても、実がならない」という悩みが生じます。

「短花柱花」とよばれる花が咲いた場合です。「花柱が短い花」という意味です。花柱はメシベの長さを決める部分で、これが短いとメシベの先がよく伸びず、受粉ができにくいために、実がならないことが多いのです。光や水、肥料の不足のために、光合成が十分にできないなどの理由によって、栄養不良になると、この花が咲きます。栄養が足りないので、実をつけないようにしているかのようです。

「ナスの苗を買ってきて育てていると、はじめはナスの実ができていたが、赤いトマトのような実がなりはじめた」と不思議がられることがあります。「トマトもナスと同じナス科の植物だから、ナスの株にトマトができても不思議ではない」と説明されると、うっかり納得してしまいそうです。たしかに、ナスもトマトもナス科の植物ですが、同じ科だからといって、ナスの株にトマトが実ることはありません。イネとトウモロコシは同じイネ科ですが、イネの株にトウモロコシが実ることはないし、トウモロコシの株におコメができることもありません。

この現象は、買ってきたナスの株が接ぎ木苗で、台木が赤ナスであるためにおこるものです。台木となった赤ナスから芽が出て、花が咲き、実ができたのです。ですから、赤い実は、赤ナスの実であり、ナスの実でもトマトの実でもありません。ふつう、台木になる植物の芽は摘み取られていますが、栽培中に、台木の茎から芽が出てくることがあるのです。接ぎ木苗を栽培するときには、台木の茎にある芽を見つけたらすぐに、それを摘み取らなければなりません。

ナスの栽培に接ぎ木苗が使われる大きな理由は、ナスが連作に弱い植物だからです。連作というのは、毎年、同じ作物を、同じ場所で栽培することです。すると、成長が良くなかったり病気になったりする連作障害が現れます。

その原因として、主に三つが考えられます。一つ目は、同じ場所で同じ種類の植物が栽培されていると、その種類の植物に感染する病原菌や害虫がそのあたりに集まってきて、病気になりやすいことです。二つ目は、毎年、同じ養分を吸収するために、その種類の植物に必要な特定の養分が少なくなることです。三つ目は、植物が根から排泄物を出していることがあり、それらが蓄積して成長に害を与えることです。

そのため、多くの野菜は連作されるのを嫌がります。特に、ナスやトマトなどのナス科の植物は、連作に弱いのです。そこで、私たちは、連作を避けるか、あるいは、連作に強い植物を台木とした接ぎ木苗を利用しなければなりません。たとえば、ナスなら、同じナス科の植物で、連作障害に強く、耐病性を備えた赤ナスを台木に接ぎ木が行われ、接ぎ木苗がつくられます。

「ナス」は、「ナスビ」や「オナス」ともいわれます。ナスが日本に来たのは、奈良時代とされています。そのころの呼び名が、「ナスビ（奈須比）」だったのです。「ナスビ」の語源には、いろいろな説があります。夏に実がなるので、「夏の実（なつのみ）」といわれ、「なつみ」となり、「ナスビ」になったというのが有力です。また、中が酸っぱい実なので、「中酸実（なかすみ）」といわれ、「なすみ」となり、「ナスビ」になったともいわれます。

「オナス」については、室町時代以降に、宮中に仕える女官の間で、言葉の先頭に「お」をつけ、語尾を省略する語が使われたといわれます。その例として、「握り飯」が「おにぎり」、「欠餅《かきもち》」が「おかき」、「強飯《こわいい》」が「おこわ」、「田楽《でんがく》」が「おでん」などがあります。「ナスビ」も、「オ」がつけられ、語尾の「ビ」が省略されて「オナス」となりました。その後、「オ」がとられて、「ナス」になったようです。

Q 「スプラウト（発芽野菜）の先駆者」とは？

これは、「よく食べられている野菜のランキング」では、第一一位です。日本では、古くからある食材で、平安時代に主に薬用の植物について書かれた『本草和名《ほんぞうわみょう》』に「毛也之」という名前で紹介されています。

これは野菜ですが、この名前の植物はありません。ダイズやリョクトウ、ブラックマッペ（ケツルアズキ）やアルファルファなどの、主にマメ科の種子が、同じような方法で栽培された芽生えの総称です。

同じような栽培方法というのは、種子が温度や湿度などの調節された真っ暗な容器や部屋の中で、土に埋められることなく、十分な水だけを与えられて育てられるものです。すると、この野菜になります。この野菜は、「スプラウト」の先駆者です。スプラウトは、「芽生え」という意味で、種子が発芽したばかりの芽生えを食べる「発芽野菜」の呼び名となっています。

この野菜は、色白で長身で、力がなさそうにヒョロヒョロと伸びるという印象があります。そのため、私たちは、背の高い細身の子をこの野菜にたとえ、この野菜をひ弱さを象徴する語として使います。しかし、光を探し求めて伸びる姿は、たくましくけなげなものです。

さて、この野菜は何でしょうか。

A　この野菜は、モヤシです。

『本草和名』で紹介された「毛也之」は、モヤシのことです。マメの種子だけでなく、イネやムギの種子でも、十分な水を与え、光をさえぎった暗黒の中で発芽させ、しばらく成長させたものは、「モヤシ」といわれます。

食用となっているふつうの「モヤシ」は、タンパク質を豊富に含むマメ科の植物の種子が発芽したものです。そのため、種子に含まれていた貯蔵物質が成長に必要な物質に変化しており、栄養が豊富になっています。たとえば、種子にあったタンパク質は分解されて、アミノ酸が増加し、いろいろな新しいタンパク質がつくられています。また、種子では、ごくわずかしか含まれていないビタミンCが、モヤシになると増加しています。モヤシは、貯蔵物質を分解して、成長に必要な物質をつくりだし、それらの物質を使って、一生懸命に成長しているのです。

背が高く伸びているのは、光を探し求めている姿です。モヤシは、「太陽は上にある」と信じて、ただひたすら太陽の光に出会うために、背丈を伸ばし続けているのです。モヤシは、太陽の光の当たる場所に出て、緑の植物になる日を夢見て、懸命に成長しているに違いありません。ですから、もし光が当たれば、たちまち姿を変えます。先端に小さいまま折りたたまれていた黄白色の葉っぱは、クロロフィルという緑の色素をつくり、緑色に変化します。葉っぱは、緑色になりつつ大きく展開して、光を多く受け取れるような姿になります。

第三章 和食パワーを助ける果物

和食パワーの一翼を担うのは、果物です。古くから、日本で栽培され、多くの日本人に愛されている果物があります。私たちが健康にすごせるのは、多くの野菜に加えて、おいしい果実を実らせる果樹のおかげです。果樹もまた、〝ありがたい〟植物なのです。

二〇〇七年にＮＨＫの放送文化研究所が、全国三〇〇地点、一六歳以上の国民三六〇〇人を対象に、好きな果物の調査を行いました。その結果、好かれている果物の順位が発表されました。本章では、その結果を「日本人の好きな果物ランキング」と表示します。

この中には、イチゴ、スイカ、メロンが含まれています。農林水産省では、果物について、「木本性などの永年作物のことを果樹といい、その実を果実という」としています。この定義に従うと、イチゴ、スイカ、メロンは、果樹ではないので、果物ではありません。

しかし、これらは、果物屋さんで売られており、果物として流通しています。食品の栄養成分を記載している『七訂食品成分表』（女子栄養大学出版部）でも、これらは、果物として扱われています。そこで、農林水産省は、これらを「果実を食用とする野菜」という意味で「果実的野菜」としています。

本章では、イチゴ、スイカ、メロンを果物の仲間に加え、私たち日本人の健康を支えてきた〝果樹の力〟を取り上げ、果物がどのように健康に貢献しているかを紹介します。

① 江戸時代に入る前に日本で栽培されていた果物

Q「畑のミルク」とは?

この果物の原産地は、コーカサス地方やアメリカです。日本にも、この果物の原種があり、縄文時代には栽培されていたといわれます。現在では、果皮の色によって、赤色系、緑色系、黒色系の品種に分けられます。

代表的な赤色系品種として、「デラウェア」があります。これは、一八五五年に、アメリカのオハイオ州デラウェアで発見され、日本では、明治時代から栽培されています。昔は種子があって、種子をどこまで飛ばせるかが競われた「甘くてちょっとすっぱい小粒」の果実です。

この果物の果皮には、白い粉がつきます。昔、「これは、カビとか農薬の乾いたものだ」と嫌われましたが、そのようなものではありません。この粉は「ブルーム」とよばれる物質で、果実自身が、鮮度を保ち、病原菌の感染を防ぐためにつくりだすものです。

さて、この果物は何でしょうか。

A この果物は、ブドウです。

ブドウは、「日本人の好きな果物ランキング」では、第六位です。この果物が縄文時代から栽培されているといわれると驚きますが、現在栽培されているようなりっぱなものではなかったはずです。それは、ブドウの原種とされるヤマブドウでした。

現在では、いろいろな品種がつくられています。赤色系では、私たちになじみ深かった「デラウェア」という品種があります。緑色系の代表的な品種は、「果物の女王様」といわれる「マスカット・オブ・アレキサンドリア」です。近年、人気を高めているのは、黒色系品種の代表である「巨峰」や「ピオーネ」です。

「巨峰」は、一九四二年に、日本で生まれた品種で、品種登録は「石原センテニアル」という名前です。「巨峰」という名前は商品名で、「ブドウの王様」といわれます。「ピオーネ」は、名前から、外国生まれと思われがちですが、一九七三年に、巨峰を母親として、日本で生まれました。「ピオーネ」とは、イタリア語で「開拓者」の意味です。

ブドウは「畑のミルク」といわれます。栄養が豊富だからです。ブドウには、エネルギー源となるブドウ糖や果糖の糖分に加えて、疲れをとるといわれる酒石酸やリンゴ酸、ビタミンはAやB群、CやEなどが含まれます。カリウムやリン、カルシウムや鉄分などのミネラルも適度に含まれます。バランスのとれた栄養分なのです。

「一房のブドウを全部食べるときには、どの部分から食べれば良いのか」と疑問に思われることはありませんか。ブドウでは、柄のついた部分に近い粒の糖度が高くて甘いです。房の先に行くにしたがって、粒の糖度が下がります。

そのため、一人で一房を食べるときには、先の方にある粒から食べると、あとになるほど甘くなるので、一房全部がおいしく食べられます。では、何人かで一房のブドウを摘んで食べるときは、どの部分の粒から摘むのがいいのでしょうか。あなたなら、どこから食べますか。

一九九一年一一月、「フレンチ・パラドックス（フランスの逆説）」と、世界から不思議がられてきた大きな謎が解かれました。「フレンチ・パラドックス」は、フランス人の大好きなフランス料理から生まれました。

フランス料理には、脂肪ののった肉、チーズやバター、生クリームなどの脂肪がたっぷりと使われています。私たち日本人には、たまに食べると、ほんとうにごちそうです。フランス人も、毎日、こんな料理をたらふく食べているとは思えません。

しかし、フランス料理の好きなフランス人の脂肪摂取量が多いことは、古くから知られています。「このような食生活は、コレステロールの値を高くし、動脈硬化につながり、その結果、脳梗塞や心筋梗塞などの心臓病がおこる」というのが、世界の常識です。

そのため、「脂肪がたっぷりと使われているフランス料理をよく食べるフランス人には、動脈硬化が原因でおこる狭心症や心筋梗塞などの心臓病で亡くなる人が多いだろう」と考えられます。

ところが、狭心症、心筋梗塞など、動脈硬化がもたらす心臓病による死亡率が、フランスでは、ドイツやイギリス、アメリカなどの欧米諸国と比べて、きわめて低いのです。そのため、「なぜ、脂肪を多く食べるフランスで、動脈硬化による心臓病での死亡率が極端に低いのだろうか」と不思議がられ、この疑問が、「フレンチ・パラドックス」とよばれました。

一九九一年一一月、その大きな謎は解かれました。アメリカのCBSテレビの人気ニュースショー『60ミニッツ（60 Minutes）』で、「赤ワインを飲んでいれば、心臓病を防ぐことができる」という赤ワインの効果が報道されました。

たしかに、フランス人は、「ワインを水代わりに飲む」といわれるほど、ドイツ人やイギリス人と比較して、多くのワインを飲みます。赤ワインも多く飲まれるのでしょう。長い間、世界の謎だった「フレンチ・パラドックス」の秘密は、「フランス人が、多くの赤ワインを飲む」ということで、解かれたのです。その日、「アメリカ中のワインを売る店で、赤ワインが姿を消した」といわれています。

「ほんとうに、赤ワインが心臓病を防ぐのか」との疑問は残りました。ところが、二〇〇一年の暮れ、世界的な科学誌「ネイチャー」に「心臓病を防ぐには、赤ワインが有効である」ということを示唆する論文が掲載されました。ですから、一応、「赤ワインが心臓病を防ぐ」というのは、科学的に裏づけられているのです。

「赤ワインを多く飲めば、動脈硬化による心臓病が予防される」というのは、赤ワインの中に含まれる、ポリフェノールという物質の作用です。近年、ポリフェノールが、動脈硬化を予防し、狭心症や心筋梗塞などの心臓病での予防に重要な役割を果たしていることが明らかにされています。

「赤ワインではなくて、白ワインでは、そのような効果がないのか」との疑問がおこります。しかし、白ワインには、赤ワインほどの健康を守るはたらきはありません。その理由は、白ワインと赤ワインでは、材料とつくり方が異なるからです。

白ワインは、ブドウの皮と種子を取り除いて、果肉の部分からつくられます。それに対し、赤ワインは、果肉の部分だけでなく、ブドウの皮も種子も含めて、ブドウをまるごと使ってつくられます。

ブドウの皮には、ブドウの赤色の色素であるアントシアニン、種子には、苦みや渋みのもととなるカテキンやタンニンが多く含まれています。アントシアニン、カテキンやタンニンは、ポリフェノールの仲間なのです。

ブドウの皮や種子には、これ以外のポリフェノールの仲間である「レスベラトロール」や

「プロアントシアニジン」が含まれています。それゆえ、赤ワインの方が、白ワインよりも、健康を守るはたらきが強いのです。

それでは、「毎日、どれくらいの量の赤ワインを飲めば、効果があるのか」と、気になります。「ネイチャー」に掲載された「心臓病を防ぐには、赤ワインが有効である」ということを示唆した論文では、効果をもたらす量については、「適量の赤ワイン」となっていて、よくわかりませんでした。

その翌年、日本でも、「アルツハイマーの予防に、赤ワインが有効である」との研究結果が発表されました。やっぱり、「どれくらいの量を飲めば、効果があるのか」と注目されました。そのときは、ワインを好きな人には、ちょっとうれしい量でした。「適量の倍以上で、効果がある」といわれました。ワインを適量の倍以上も飲む大義名分が、科学的な研究から得られたのです。

アルコールに弱い体質で赤ワインを飲まない人には、抗酸化作用のあるポリフェノールを摂る別の方法があります。チョコレートやココアには、からだに良いポリフェノールが多く含まれています。これは、チョコレートやココアの原料となっているカカオマメに、ポリフェノールの仲間が多く含まれているからです。カカオマメは、熱帯アメリカが原産地のアオイ科（以前は、アオギリ科）の植物であるカカオの種子です。

ですから、赤ワインを飲まなくても、チョコレートやココアで抗酸化作用のあるポリフェノールを摂取することができます。このことが知られ、チョコレートやココアの品切れ騒ぎがおこったのは、つい数年前のことでした。

しかし、これらの商品には、ポリフェノール以外の成分も多く含まれているため、多く食べれば健康に良いというものではありません。もちろん、赤ワインも多く飲めば効果が大きいというものではありません。

近年、赤ワインに含まれる抗酸化物質である「レスベラトロール」というポリフェノールが注目を集めています。二〇〇六年に、この物質は、「肥満の悪影響を減らし、寿命を延ばす効果がある」と発表されました。

人間も動物もみんな長寿遺伝子（別名サーチュイン遺伝子）をもっていて、「これが活発にはたらけば、老化が抑制され、寿命が延長され、発がんまで抑制される」といわれています。そのため、「どうしたら、サーチュイン遺伝子を活性化できるのか」が注目を集め、いろいろ調べられました。

その結果、レスベラトロールが活性化させる一つの要因であることがわかりました。マウスで調べられたのですが、「人間にも効果があるのか、もし効果があるなら、どれぐらい摂取したら良いのか」ということが、今後の課題です。

二〇一二年には、レスベラトロールは、「食品アレルギーを予防する」という効果も発表されました。マウスにレスベラトロールを飲ませていると、「卵に対する食品アレルギー反応が一〇分の一に減った」というのです。「卵以外の食品アレルギーにも効果がある」と考えられており、今後の研究の発展が望まれます。

ブドウには、果皮をおおうように、白い粉がつきます。この白い粉は「ブルーム」とよばれ、ブドウ自身がつくりだすものです。果実の鮮度を保ち、病原菌の感染を防ぐのでブドウにとっては、大切なものです。その主成分は、「オレアノール酸」という物質です。

この物質は、「人間には、老化抑制作用や虫歯菌の増殖抑制作用がある」といわれていました。「だったら、その物質を、もっと生産したらいいだろう」ということで、多くの人が努力されてきたのです。

とうとう、二〇一一年に、その努力が報われ、「オレアノール酸の人工合成に成功」という報道がなされました。今後、この物質が、どのような効果をどれくらいもつかが調べられていくはずです。

Q 「三毒を断つ」果実とは?

これはバラ科の植物で、原産地は中国といわれますが、日本も原産地であるとの説もあります。日本では、奈良時代前にすでに栽培されており、奈良時代に編纂された『万葉集』では、ハギに次いで多く詠まれている植物です。

「モモクリ三年、カキ八年」に続いては、いろいろおもしろくいわれます。この果樹は、「酸い酸い一三年」といわれます。その他には、「ナシの阿呆《あほう》は一三年」「ユズの大馬鹿一三年」「リンゴ、にこにこ二五年」などがあります。

ただ、「モモクリ三年、カキ八年」は、発芽してから初めて実がなるまでのおおよその年数を示していますが、「ナシの阿呆は一三年」や「ユズの大馬鹿一三年」などは、語呂合わせと口調の良さでいわれているものです。この果樹では、「酸い酸い一三年」といわれますが、発芽してから初めて実がなるまでの幼若期とよばれる期間は、二〜三年です。

この木の乾燥させた果実は、お正月などに、無病息災の願いがかなうようにと、お茶に入れられることがあります。この果実は、「三毒を断つ」といわれます。三毒とは、水の毒、食の毒、血の毒です。

さて、この果実は何でしょうか。

A　この果実は、ウメです。

昔から、ウメの果実は、私たちの健康を守ってきました。「ウメは、その日の難逃れ」といわれてきました。「朝に一粒の梅干しを食べて出かけると、その日一日、難を逃れる」というのです。また、食べられる抗菌剤として、お弁当に入れられてきました。

梅干しに含まれるクエン酸は、唾液を分泌させ消化を促し、食欲を増進する効果があります。この効果は、梅干しを思い出したり見たりするだけで唾液が出てくることから、容易に納得できるでしょう。クエン酸は、体内の乳酸を減らして疲労を回復させる効果があります。

また、クエン酸には、解毒や殺菌作用があります。防腐力もあるので、食中毒を防ぐともいわれます。そのため、戦国時代から、梅干しは保存食品でした。明治時代には、白いごはんの真ん中に赤い梅干しを一つ置いた弁当は、「日の丸弁当」といわれました。日の丸とは、日本の国旗をさす代名詞のような語句です。近年は、日の丸弁当を見かけることはほとんどなくなりました。食材が豊富な今の時代には、ふさわしくなくなったのでしょう。

お正月に無病息災を願って、ウメの実と結び昆布をいっしょに飲む「大福茶《おおぶくちゃ》」というのがあります。その謂《いわ》れは、九五一年に、京の都に疫病が流行し、時の村上天皇が病に伏せられたときに遡ります。このとき、天皇が服されたのは、カラカラに乾燥して萎《しぼ》んだウメの実を白湯《さゆ》にいれたお茶でした。天皇が治癒されたことから、「皇服茶」や「王服茶」と称され、これにあやかって毎年元旦の朝に飲まれるようになったのが、現在の「大福茶」なのです。

「ウメは、水の毒、食の毒、血の毒の三毒を断つ」といわれます。水の毒とは、体内の水の汚れを意味し、ウメに含まれるカルシウムや鉄分、カリウムなどのミネラルがバランスの良い水分にします。食の毒を断つのは、果実に含まれるクエン酸が、疲れの原因となる乳酸を分解して、エネルギーの発生を促すからと考えられます。血の毒とは、酸性化されてどろどろになった血液を指すのでしょう。それに対し、ウメの果実は、アルカリ性食品ですから、血液がどろどろになる酸性化を防ぎます。

近年、ウメの果実がもっている、病気の予防や健康の増進に貢献する力が注目されています。たとえば、果実には、胃がんの原因となるピロリ菌の増殖を抑制する効果があり、血糖値の上昇を抑える効能などが知られてきています。

古くから、「サクラは吉野、ミカンは紀の国、クリ丹波」と詠われます。ところが、ほんとうには、この三つの前に「ウメは○○」とついていたのです。さて、江戸時代に編纂された古書には、ウメの名所として、○○に何という地名が入っているでしょうか。

「一目百万、香り十里」といわれるのは、ウメの名所であり産地である和歌山県の「みなべ町」です。ですから、「『南部』と入れたらいいのではないか」と思われるかもしれません。たしかに、みなべ町では、ウメは古くから栽培されていました。しかし、現在のように「南高梅」で有名になるのは、昭和の時代になってからです。「ウメは〇〇、サクラは吉野、ミカンは紀の国、クリ丹波」は、江戸時代にはすでに詠われていました。

実は、「ウメは〇〇」は、「岡本」なのです。岡本は、現在の地名で、兵庫県神戸市東灘区岡本です。JR東海道本線では、兵庫県の「芦屋」と「三ノ宮」の間にある「摂津本山駅」のある地域です。阪急電鉄では、梅田と神戸三宮をつなぐ神戸線で「岡本」という駅がある地区です。現在では、おしゃれなブティックやスイーツの店が多く並ぶ街です。岡本のある東灘区の「区の花」には、ウメが選定されており、シンボルマークには、ウメの花がデザインされています。

昔、この地域一帯が梅林だったのです。現在も残されている岡本梅林の中にある案内板には、「岡本梅林の起源は明確ではないが、山本梅岳の岡本梅林記に羽柴秀吉の来訪が記されていることから、かなり古くから存在していたようである。一七九八年（寛政一〇年）には、摂津名所図会に岡本梅林の図が登場するほど盛んとなった」と記されています。

明治時代にも、この地域の相当広い範囲に、ウメは栽培されていました。しかし、一九三八年におこった山崩れや、戦災で、梅林は面影をなくしました。その後、地域の宅地化が進行し、梅林は山側に残るのみになりました。現在、名所を復活させる努力がなされています。

Q 「秋の味覚」の代表的な果物とは?

これは、ブナ科の植物で、その果実は、「秋の味覚」の代表の一つです。原史時代の日本では、「この植物が栽培されていた」といわれます。日本原産の植物ですから、古くから、この果樹が栽培され、果実が収穫されて食べられていたことは容易に想像されます。

数十年前には、この木が家の庭にあるのは、そんなにめずらしいことではありませんでした。あまり世話されているようには見えませんでしたが、秋には、多くの実がなっていました。果実の収穫量もかなりあったと思われます。

この植物には、日本原産のものがありますが、中国原産のものもあります。しかも、この果樹は、地中海沿岸や西アジア原産のものもあります。トルコやイタリアなどで、栽培の歴史は古く、現在もこの果実が多くつくられています。

この果実のまわりは、トゲが密に生えた皮で包まれており、それがはじけたあとには、光るような茶色の皮である「鬼皮」が姿を見せます。この果実の食用部を二つに割ったような形をしている打楽器が、「カスタネット」です。この楽器の名前は、この植物のスペイン語「カスターニャ」にちなんでつけられています。

さて、この果物は何でしょうか。

A この果物は、クリです。

中国原産のものは中国グリであり、私たちには「天津甘栗」などの名前で焼き栗として食されています。中国グリには、渋皮が剝きやすいという性質があります。地中海沿岸や西アジア原産のものは、ヨーロッパグリです。

クリの実は、原史時代の栽培植物であっただけに、炭水化物を多く含み、エネルギー源となります。その上、ビタミンCが意外と多く、可食部一〇〇グラム当たり三三ミリグラム含まれています。渋みの成分であるタンニンは、抗酸化物質で、糖尿病の予防に効果があると注目されています。クリの実には、ミネラルも多く含まれています。ですから、昔は意識されていなかったにしても、健康を保つのに役立っていたはずです。

「クリは、生もの」といわれます。収穫されたあとにも、クリの実は生きているのです。それを裏づけるように、収穫した直後に、約四度の低温に一ヵ月ほど貯蔵しておくと、甘みがぐんぐん増すといわれます。「なぜ、低温に貯蔵しておくと、甘みが増すのか」と疑問に思われるかもしれません。これは寒さの中で、クリの実が凍らないようにするためです。クリに甘みをもたらす成分は、糖と考えて差し支えありません。寒さに出会って、クリが糖分を増やす意味は、凍らないようにするためです。第二章のダイコンの項で紹介した冬の寒さに出会ったダイコンが甘みが増すというのと同じ現象です。

Q「魔よけの果実」または「不老長寿の果実」とは？

これはバラ科の果物で、原産地は中国とされています。原産地の中国では、「魔よけの果実」、また、「不老長寿の果実」といわれ、延命長寿のシンボルとなっています。また、「すぐれた」を意味する「仙」を冠して、果実は「仙果」といわれ、木は「仙木」といわれます。「すぐれた果実」「すぐれた木」という意味でしょう。

二〇一〇年、奈良県桜井市にある二千年前の弥生時代の遺跡である「纒向《まきむく》遺跡」から、この果実の種子が二〇〇〇個以上も見つかりました。この遺跡には、三世紀前半の「女王卑弥呼の宮殿」といわれる大型の建物の跡があります。

当時、この果物は「魔よけの果実」「不老長寿の果実」として、祭祀《さいし》のお供えや死者の弔いに用いられたと考えられています。また、これだけ大量のこの果物がまとまって使われていたことから、この果物は、果樹園のような場所で、栽培されていたと思われます。

この果物は、「日本人の好きな果物ランキング」では、第三位になっています。多くの人に好かれている果物なのです。ちなみに、第一位はイチゴ、第二位はミカンです。第三位のこの果物のあとには、第四位にナシ、第五位にリンゴ、第六位にブドウが続きます。

さて、この果物は何でしょうか。

A　この果物は、モモです。

モモには、食物繊維であるペクチンが豊富に含まれています。そのため、便秘の予防になり、整腸作用があります。また、モモには、カテキンなどのポリフェノールが多く含まれています。モモの果肉が空気にさらされると、すぐに黒くなるのは、これらのポリフェノールが空気中の酸素と反応するためです。

三月三日は、「桃の節句」です。でも、三月三日には、モモの花は咲いていません。「なぜ、モモの花が咲いていないのに、桃の節句なのか」と不思議がられます。

「桃の節句」にモモの花がまだ咲いていない理由は、「旧暦の三月三日が桃の節句で、現在の三月下旬～四月上旬に当たるから」です。だから、旧暦の三月三日の桃の節句は、モモの花がちょうど咲くころだったのです。新暦でも、三月三日を「桃の節句」にしたために、モモの花が咲かない「桃の節句」になったのです。

新暦の三月三日の「桃の節句」に行われる「ひな祭り」のときに、咲いているモモの花が飾られていることがあります。それらのモモの花は、ふつうには、温室栽培されたものです。そこで、「ひな祭りには、自然に咲いたモモの花が欠かせない」と考える地域や地方では、ひな祭りが一ヵ月遅れの四月三日に行われます。この日は旧暦の三月三日ころに当たり、自然の中でモモの花が咲いています。

Q 「有りの実」とは?

これは、バラ科の植物で、原産地は日本です。弥生時代から栽培されていたと考えられます。古くからの栽培を裏づけるように、奈良時代に完成した『日本書紀』に栽培の技術が書き残されています。

この果物は、「日本人の好きな果物ランキング」で第四位になっています。秋の味覚として、なくてはならないものなのですが、「この果物の日」は、語呂合わせで、七月四日となっています。近年、この果物には、日本原産のもの以外に、「西洋」と名のつく仲間があり、なめらかな食感で、人気です。

日本原産のものは、英語で、「サンドペア」といわれることがあります。「サンド」は砂であり、「果肉が、砂のようにザラザラした」という意味です。果肉の舌触りの特徴を示したものです。「ペア」は、この果物の英語名です。

この果実の食感が砂のようにザラザラしている理由は、果肉を構成する細胞に「リグニン」という物質などが蓄積しているためです。リグニンというのは、細胞の周囲を硬く厚くするための物質です。このようになった細胞は、「石細胞」とよばれます。

さて、この果物は何でしょうか。

A この果物は、ナシです。

ナシには西洋ナシもありますが、私たちがふつうにナシとよぶのは、日本ナシです。現在、栽培されている日本ナシには、多くの品種があります。たとえば、ナシの三大品種は、「幸水」「豊水」「新高」です。これらのナシは、いずれも、日本を原産地とする野生のヤマナシから品種改良されたものです。

ナシは、多くのミネラルを含み、血圧を正常にします。ですから、健康をもたらす果物としての需要があります。疲労の回復に役立つアスパラギン酸も含まれています。また、ナシの果肉には、タンパク質を消化する物質が含まれます。そのため、すりおろした果肉に肉をつけ込んでおくと、肉はやわらかくなります。私たちのからだの中では、消化を助けてくれますが、ナシにとっては、外敵の病原菌の感染から身を守るためのものです。

このように、ナシには味や栄養があります。でも、名前が「ナシ（梨）」のために「無し」に通じて、味や栄養が「無し」のような語感になります。そのような場合、忌み慎まれるような名前を避けて、縁起の良い言葉に置き換えることがあります。

たとえば、イネ科の植物である「アシ（悪し）」を「ヨシ（良し）」というのは、その例です。ナシの場合には、〝有りの実〟と表現することがあります。料理屋さんのお品書きやレストランのメニューに〝有りの実〟があれば、それはナシの実です。

Q「赤くなると、お医者さんが青くなる果物」とは？

リンゴ、モモ、イチゴなど、多くの果物がバラ科ですが、この果物はバラ科ではありません。この果物の原産地は、東南アジアや中国、日本で、日本では古くから栽培されてきました。奈良時代には、すでに栽培されていたようです。平安時代に編纂された法典である『延喜式』に、この果物の記述があります。昔は、多くの農家の庭に植えられており、品種も多彩でした。一九一二年の調査では、一〇〇〇種以上が記録されています。

「これが赤くなると、お医者さんが青くなる」といわれるのは、外国ではトマトです。ところが、日本では、「赤くなると、お医者さんが青くなる」といわれるのは、この果物です。「この果物がよく熟すると健康に良いので、お医者さんの必要がなくなり、お医者さんの顔色が悪くなる」という意味です。

英語を勉強しはじめると、果物の英語名を覚えるものですが、この果物の英語名はあまり知られていません。この果物の原産地が東南アジアや中国、日本などの温帯アジアであり、英語圏ではないからでしょう。もし、この果物の英語名を知っていたら、英語の語彙力がかなり豊富ということになります。英語名は、「パーシモン」です。

さて、この果物は何でしょうか。

A この果物は、カキです。

カキの学名は、「ディオスピロス　カキ（*Diospyros kaki*）」です。種小名に日本語の「カキ」がそのまま使われているのは、カキが日本の果物と認められているからでしょう。属名の「ディオスピロス」は、「神」を意味するディオスと、「食べ物」や「贈り物」を意味するピロスから成り立ち、カキは「神様の食べ物」とか「神様からの贈り物」といわれます。

カキのビタミンCの含有量は、「ビタミンCの王様」とよばれるイチゴや、「ビタミンCの女王様」といわれるレモンに匹敵します。一〇〇グラム当たりで、カキは七〇ミリグラム、イチゴ六二ミリグラム、レモン果汁五〇ミリグラムです。これらのビタミンCは、紫外線や強い光に対して実の中の種子を守っているのです。そのビタミンCは、自分の子孫（種子）を守るだけでなく、私たちのからだも守ってくれています。カキの黄色はカロテンとβ-クリプトキサンチンによるものです。それらには、抗酸化効果があります。

カキは、虫や鳥などの動物に種子を食べられることから、「渋み」を果肉や果汁にしみ込ませて守っています。そして、この渋みの成分であるタンニンが糖尿病を予防する機能性物質として期待されています。また、昔から、カキは「二日酔いに効果がある」といわれます。その一つの理由は、カリウムの含有量が多いためです。カリウムが多いと、利尿効果があります。多く排尿することが体内からアルコール分をなくし、二日酔いの解消に効果があるのでしょう。

Q 日本で生まれたタネなし品種「希房」がある果物とは?

この植物はバラ科であり、英語名は「ロクワット（loquat）」です。学名は「エリオボトリア ヤポニカ」といい、「ヤポニカ」は「日本生まれの」という意味です。そのため、この果物はいかにも日本生まれのようですが、原産地は中国とされています。

属を示す「エリオボトリア」の「エリオ」は「やわらかい毛」を意味し、「ボトリア」は、「ブドウのように房状になる」という意味です。ですから、学名は、「やわらかい毛に包まれた実がブドウの房状になる、日本生まれの植物」ということになります。

日本では、奈良時代に栽培されていたようです。ただ、当時のこの果物は、かなり小粒のものでした。現在、私たちが食べているような大きさのものは、江戸時代に、中国で栽培されていた種子が長崎にもたらされたのがきっかけでした。これが、「茂木」という品種で、「田中」「長崎早生」とともに、この果物の「三大品種」です。

この果樹は、秋がすっかり深まった一一月ごろから花を咲かせます。花には、五枚の花びらと、中心部に多くのおしべがあります。実は、春から初夏にかけて大きく成長し、六月ごろには、おいしい果物となります。

さて、この果物は何でしょうか。

A　この果物は、ビワです。

「ビワ」という名前は、実の形、あるいは、葉の形が、日本古来の楽器である琵琶に似ていることが由来です。ビワは、オレンジ色の果肉が印象的な果物です。この色素はカロテノイドであり、抗酸化物質のカロテンやクリプトキサンチンなどが主な成分です。そのため、老化を防止し、疲労を回復し、視力を保つことなどに有効にはたらくことが期待されます。ビタミンやミネラルも豊富に含まれています。ビワは葉っぱにも、健康に良い成分が含まれています。そのため、ドクダミ茶、カキの葉茶と同じように、お茶として飲まれることがあります。

オレンジ色の果皮や果肉、大きな葉っぱとともに、ビワでは、果実の中に入っている大きな種子が特徴です。ビワを食べるときには、これが邪魔になり、もしこれがなかったら、果肉が厚くなるので、「もっとおいしく食べられるのに」と、この種子は不満のタネでした。

二〇〇三年、不満のタネが消えた、世界で初めての「タネなし」のビワが、千葉県農林総合研究センターでつくりだされました。品種名は、「希房」となりました。千葉県南房総地方の発展の「希望」を担う「希」と、南房総地方の「房」で成り立っています。二〇〇八年春、初めての「タネなしビワ」が市場に出ました。本来の種子のある部分は、「タネなしビワ」では、小さな空洞になっています。果肉の厚さは、「タネありビワ」の約二倍です。「果汁が多く、肉質がやわらかく、おいしい」といわれ、高値であるにもかかわらず、人気があります。

Q「ビタミンCの王様」とは？

これはバラ科の果物で、この果物の野生種は、アジア、ヨーロッパに自生しています。日本では、奈良時代につくられた歴史書『日本書紀』には、「いちびこ」という、この果物を意味する名前が登場しています。

現在、栽培されている品種は、南アメリカや北アメリカ原産のものがオランダで交配されて生まれたものです。日本には、オランダ人により江戸時代にもたらされました。これは、「日本人の好きな果物ランキング」では、第一位になっています。「西の横綱」や「東の横綱」とよばれる品種があります。

「ビタミンCの女王様」といわれるのは、レモンです。それに対し、「ビタミンCの王様」といわれるのは、この果物です。ぽっくりとした丸みのあるかっぷくのよい風格をした果物なので、王様にふさわしいのでしょう。「ビタミンCの王様」といわれるだけあって、この果物のビタミンC含有量は、一〇〇グラム当たりにすると、約六二ミリグラムです。ふつうサイズのものは一粒約二〇グラム前後ですから、一日に八粒ほど食べれば、一日に必要といわれる一〇〇ミリグラムのビタミンCをほぼ摂取できます。

さて、この果物は何でしょうか。

A この果物は、イチゴです。

イチゴの野生種は、平安時代の漢和辞典『倭名類聚抄《わみようるいじゆしよう》』に、「いちご」という名で記述されています。「いちびこ」という語が、奈良時代から平安時代にかけて、どのような変化を経て「いちご」に変わったかについては、定かではありません。現在私たちが食べているイチゴは、南アメリカや北アメリカ原産のイチゴがオランダで交配されて、生まれたものです。日本には、江戸時代にオランダからもたらされたため、「オランダイチゴ」といわれます。

イチゴの有名な品種は、一九八〇年代には、「とよのか」と「女峰」でした。「とよのか」は、福岡県生まれで、一九八四年に品種登録され、「西の横綱」といわれて、九州を中心に栽培されてきました。それに対し、「東の横綱」といわれて、栃木県を中心に東日本で栽培されてきたのは、「女峰」でした。一九八五年に品種登録されています。近年は、これらの二品種に代わって、「西の横綱」は「あまおう」、「東の横綱」は「とちおとめ」となりました。「あまおう」は、二〇〇一年に福岡県で生まれ、二〇〇五年に品種登録され、現在人気の品種です。

『あまおう』とは変わった名前だ」と思われますが、これは四つの形容詞の頭文字が並んでいるのです。「あ」は「甘い」の「あ」と思われがちですが、「赤い」の「あ」です。「ま」は「丸い」の「ま」です。「お」は「おいしい」の「お」と思われがちですが、「大きい」の「お」です。「う」が「うまい」の「う」です。「赤い、丸い、大きい、うまい」の頭文字を並べて、

「あまおう」と名づけられました。二〇一五年には、この品種で、二五〇グラムの重さの大きいイチゴが生まれました。これが、世界一大きなイチゴとしてギネスに認定されています。

それに対し、「とちおとめ」は、栃木県生まれで、一九九六年に品種登録されました。この品種は、一世代前の東西の横綱「女峰」や「とよのか」の血をひいています。常に横綱を生みだしてきた栃木県は、すでに「とちおとめ」の後継品種を開発しています。二〇一二年、開発された品種の名称が公募され、「スカイベリー」に決まりました。この年に完成した世界一高い「スカイツリー」という名前に似て、大きさ、美しさ、おいしさが大空に届くイチゴという意味が込められています。栃木県にある「皇海山《すかいさん》」の名前にちなむともいわれます。

「ビタミンCの女王様」といわれるレモンは、イチゴよりずっと大きく、重さも五倍以上の約一二〇グラムです。だから、「イチゴが『王様』なら、もう少し大きい方がいいだろう」と思われます。その思いに応えて、大きなイチゴが市販されています。たとえば、愛知県生まれの「アイベリー」といって、愛知県のアイと、果実のベリーの名前がついて「アイベリー」とよばれる品種があります。ふつうのイチゴは大体二〇グラムですが、アイベリーでは、八〇グラムを超えるものもあります。

大きなイチゴを食べるときには、どの部分から食べれば良いでしょうか。イチゴは〝へた〟のついた方の糖度が低いのです。先に行くにしたがって糖度が高くなります。そのため、〝へた〟のある方から食べると、あとになるほど甘いので、イチゴ全部がおいしく食べられます。「イチゴの日は、いつですか」と問うと、「一月五日です」と答えられることが多いです。たしかに、一月五日は、語呂合わせで、「一（いち）五（ご）の日」にふさわしいかもしれません。でも、全国いちご消費拡大協議会が決めている「イチゴの日」は、一月一五日なのです。一月一五日にすると、「いい（一）イチ（一）ゴ（五）の日」となります。

実際に、一月一五日は、全国各地のビニールハウス栽培のイチゴ園で出荷のピーク時に当たります。また、多くのイチゴ園が開園する日なのです。イチゴ狩りの開園が一月一五日というのは、「イチゴの旬は、春」と思っている人には驚きでしょうが、この日に合わせて開園の準備がされているのです。この時期にオープンさせるために、イチゴ園では独特の栽培方法がとられます。イチゴは、寒くなって、日が短くなると、極端に成長しなくなります。そこで、ビニールハウス内の温度をあげますが、温度だけでは、成長が良くなりません。イチゴの成長は、昼と夜の長さに大きく影響されるのです。そこで、ハウス内に電灯の照明をして昼を長くし夜を短くします。すると、イチゴは春の訪れを感じて成長し花を咲かせ実を肥大させます。

これは、ビニールハウスの中を夜に電灯照明する栽培方法なので、「電照栽培」といわれます。九州や奈良などで夜中に走る電車の窓から、畑の中に明るく電灯がともるハウスが見えることがあります。それは、電照栽培されているイチゴ園の可能性が高く、冬の風物詩です。

Q 英語で、「ウォーターメロン」とは？

これはウリ科の植物です。原産地は、乾燥したアフリカのカラハリ砂漠です。日本への渡来は、平安時代という説がありますが、定かではありません。しかし、江戸時代には、栽培されていました。

原産地では、この果物は「果肉をつぶして、その果汁を水のように飲む果物」といわれます。この果実は、乾燥した原産地で生きる人々にとって、水をもち運べる水筒の役割のような果実だったのです。昔、この果物の果肉や果汁は、今ほど赤くはなく、甘くもなく、水分だけが多かったのです。

この果物の日は、決まっています。この果物は、夏の横綱的な存在であり、果皮の表面にりっぱな縞《しま》模様があります。これを綱に見立てると、夏の綱となります。語呂合わせで、「な（七）つのつ（二）な（七）」となり、この果物の日は、七月二七日です。

この果物は、楕円体、あるいは、球形がふつうです。でも、毎年、夏になると、四角いものが、新聞紙上などで話題になります。大きくなるときに四角い型にはめられてつくられたもので、めずらしいので、けっこう高い価格です。

さて、この果物は何でしょうか。

A　この果物は、スイカです。

スイカは、中国では「西域の方から伝わった瓜」という意味で「西瓜」と書かれました。日本には、平安時代に渡来していたとの説もありますが、一六～一七世紀に中国から伝えられ、中国語での「スイクワ」の発音から、「スイカ（西瓜）」となったとされます。水分が多いので、「水瓜」と書かれることもありました。英語では、「ウォーターメロン」です。ウォーターは「水」で、メロンは「ウリ（瓜）」のことであり、「水分の多い瓜」の意味です。

「水瓜」も「ウォーターメロン」も、この果実の特徴をよく表している名前です。というのは、スイカは、たしかに、他の果実と比較して、水分が多いのです。果肉部の水分含有率は、約九〇パーセントです。ちなみに、リンゴ、カキ、バナナの水分含有率は、それぞれ、約八四、約八三、約七五パーセントです。

果実の水分含有率が約九〇パーセントであることから、スイカの果実の成長は、ほとんど水によるものです。そのため、スイカの果実の成長は速いのです。スイカは同じ株に雌花と雄花が別々にできる植物ですから、果実は雌花の下にできます。雌花の下が膨らみはじめると、みるみるうちに大きくなります。

生まれたての実は、約一〇日もすれば、かなり大きなスイカに育ちます。この時点では、熟成していないので、おいしくはありませんが、重さの増え方は速いのです。このあと、おいしくなるための熟成に、少し日数がかかります。品種や栽培条件にもよりますが、ふつうの大きさのおいしいスイカになるまでは、約一ヵ月かかります。

この果実が大きくなりつつ重さを増すとき、水が流れるように、果実の中に送られます。同じウリ科の仲間であるヘチマの茎を切り、切り口に容器を当てておくと、根から茎に送られてきた液が、ポトポトと落ちて溜まります。これが化粧水などに用いられるヘチマ水です。

あるテレビ番組の中で、何年か前、ヘチマ水を採るときと同じように、スイカの茎が切られ、容器があてがわれ、容器にどれだけの液が溜まるかが調べられました。「五時間で、約三五〇ミリリットルが採れた」と記憶しています。ふつうのサイズの缶コーヒーは、一八〇ミリリットルですから、約二缶分に当たります。

この量は、根がどのようにはりめぐらされていたのか、また、栽培されている土壌に、どれくらいの水が施されていたかにより変わるでしょう。しかし、とにかく多くの量の水が、速いスピードで、根から茎に送り込まれているのはたしかです。

地上部へ送り込まれた水は葉っぱにも分配されるので、すべてが果実には届きません。しかし、多量の水が、高速度で根から地上部へ送り込まれており、これが果実の急速な膨らみを支えていることに間違いありません。

スイカの果実にある多くの水分は、何の役に立つのだろうかという疑問をもたれることがあります。これは、暑さから種子を守っていると考えるとよく理解できます。スイカは暑いアフリカが原産地なのですが、スイカの実は水分がいっぱいです。水というのはあたたまりにくいのです。だから、スイカは、まず、外の皮で熱と紫外線を防ぎます。そして、実の中に溜めている水で熱が直接に種子に伝わらないようにしているのです。

スイカには、私たちの健康に役立つ成分も含まれています。スイカは、多量のリコペンを含んでいます。カロテンも含んでいます。これらは抗酸化物質であり、有害な活性酸素を消去する作用が強いので、動脈硬化やがんを予防するはたらきが期待されます。スイカは、特に「利尿や解熱効果があり、利尿と解熱が必要な膀胱炎の治癒に有効」といわれます。利尿を促す成分はスイカに含まれる「シトルリン」です。

この物質のおかげで利尿効果があり、「むくみや腎臓病などに効果がある」といわれます。スイカの学名は「シトルラス・ブルガリス」で、シトルリンは、スイカから見出されたので、属名の「シトルラス」にちなんで、名前がつけられています。この物質は、高い抗酸化作用があるので、健康食品などにも使われています。

真夏に、冷たいスイカを食べれば、おいしくて気持ちがいいです。しかし、食べる直前に冷やすのは良いのですが、よく冷えるようにと、何日も前から冷蔵庫で冷やさない方がいいようです。「健康に良いリコペンやカロテンの量は、一〇日間、四℃で冷やしておくより、二一℃

で保存しておく方が増加する」という研究結果が報告されています。しかし、真夏に、二一℃という中途半端な温度に保存するのには、どうすればいいのでしょうか。冷たくおいしい栄養たっぷりのスイカを食べるのは、なかなかむずかしいのです。

「なぜ、スイカの種子はばらばらに散らばっているのか」という疑問がもたれます。これには、「メロンのように、種子が集まって並んでいてくれたら、まとめて取り除けるので、食べやすいのに」という恨めしい気持ちがこもっています。たしかに、メロンの種子は集まって並んでいます。メロンの果実は、縦に真っ二つに切ると、三つの部分に分けられます。外側の皮、その内側にあるおいしい果肉の部分、そして、果実の中央の種子の並んだ部分です。

マスクメロンの外側の果皮には、網目の模様があります。おいしい果肉の部分は、夕張メロンならオレンジ色をしています。真ん中は捨てる部分ですが、綿のような白いものに種子がつき、どろっとしたゼリー状のものが種子を取り巻いています。種子が並んでついている綿のようなものは、「胎座」とよばれます。この部分は大切なはたらきをしており、この部分を介して、種子に栄養が与えられます。この胎座と種子の関係は、ピーマンの果実を縦に切るとよくわかります。ピーマンは柄の下付近にある胎座とよばれる白い部分に、種子が集中してくっついています。

メロンと同じように、スイカの果実を縦に真っ二つに切ります。切り方によっては、断面に種子が見られないことがありますが、切った左右の半円に、種子の並びが見えるように切ると、種子は果実の中に規則正しく並んでいます。メロンの場合と異なるのは、種子と種子の間に果肉があり、種子と種子が離れていることです。

メロンの果実の断面とスイカの果実の断面を並べて、見比べてください。メロンを三つの部分に分けたときの中央の部分が、スイカの場合には、大きく膨れて成長し食用部になっているように見えます。メロンの果実の胎座とよばれる部分に果肉がつくられているのです。胎座に並んでいた種子は、胎座が風船が膨らむように、成長するにつれて離れていくのです。

メロンの捨てる部分を風船に見立ててください。膨らむ前の風船に種子を並べて描いておくと、風船が膨らむにつれて種子どうしの間隔が広がり離れていきます。でも、並び方は変わりません。ですから、スイカの種子は決してバラバラにあるのではありません。ほぼ規則正しく並んでいるのです。スイカの食べている果肉部は、胎座とそれが成長した部分なのです。

では、メロンのおいしい果肉は、スイカの果実ではどの部分でしょうか。これは、スイカの果実の中央で胎座が膨らむように成長するにつれて、外へ追いやられたのです。内側の白く分厚い部分がメロンの食用部の果肉に当たります。植物学的には、メロンの果実の食用部は中果皮とよばれる部分です。それに対し、スイカの果実では、メロンの果実を食べるときに捨てられてしまう、中果皮の内側にある胎座および胎座が成長して膨らんだ部分が食用部なのです。

② 江戸時代以降に日本で栽培される果物

Q「世界最古の栽培作物」とは?

これはクワ科の果物で、原産地はトルコ、イランなどの西アジアやアラビア半島です。日本には、江戸時代にもたらされ、薬用として用いられていました。当時は、「トウガキ」や「ナンバンガキ」といわれていました。昔から、クリやカキと同じように、身近で栽培されていそうですが、意外と新しい果物なのです。

二〇〇六年、アメリカのハーバード大学などの研究チームが、イスラエルのヨルダン渓谷の遺跡から、この果物の実を発掘しました。それをきっかけに、現在、「この果物が世界最古の栽培作物である」と考えられています。

古くから栽培されていたことを裏づけるように、旧約聖書の創世記でも、最初の人間とされるアダムと、その妻であるイブが、エデンの園で、裸のからだを隠したのはこの果樹の葉っぱとされています。この果物の英語名は、「フィグ（fig）」です。

さて、この果物は何でしょうか。

A　この果物は、イチジクです。

イチジクは、一ヵ月で熟すという意味で、「一熟」と書かれ、これが「イチジク」と読まれたことから名づけられました。また、その日に収穫しないと、次の日には、実の先端部分にある口が大きく開いてしまって「一日で熟する」という意味で、イチジクといわれたとの説があります。このようになってしまうと、見かけが悪く、価値が落ち、出荷できなくなります。

現在、日本で栽培されているイチジクの約八割は、「桝井ドーフィン」という品種です。これは、一九〇九年、桝井光次郎がアメリカのカリフォルニアから持ち帰った三本のドーフィン種と思われる苗木から育成されました。その苗木の一本がおいしい実を結び、それを挿し木で増やして、この品種が確立されました。

この品種は、在来種と比べて、果実一個が大きく、一株からの収量も数倍であったため、たちまち栽培は広がり、現在では、日本のイチジク生産の約八割を占めています。このイチジクは雄株と雌株が別々の雌雄異株《しゆういしゅ》で、雌株は受粉しなくても、果実を肥大させるという性質をもっています。そのため、種子はできなくても、果実は大きくなるのです。

イチジクは、「花が無いように見えるのに、果実がなる」という意味で「無花果」の字が当てられています。しかし、イチジクには、花がないわけではなく、果実の中にある赤いツブツブが花です。目立たない、「タネなしフルーツ」なのです。

二〇〇六年、イスラエルのヨルダン渓谷の遺跡からイチジクの実が発掘され、ハーバード大学などの研究チームがその実を分析し、「一万一〇〇〇年以上も前に栽培されていたものである」との結果を発表しました。そして、現在、イチジクが世界最古の栽培作物と考えられています。しかし、イチジクは、世界最古の栽培作物としてふさわしいのでしょうか。

世界最古の栽培作物と考えられるには、いくつかの条件があります。一つ目は、「収穫量が多くなければならない」ことです。イチジクの木には、かなり多くの実がなるので、この条件を満たします。

二つ目は、「栽培が容易である」ことです。近年、市販されているようなおいしいイチジクを産出するためには、技術と世話が必要で、手間がかかるものかもしれません。でも、五〇〜六〇年前には、多くの家の庭に、イチジクの木がありました。そして、そんなに栽培に手間がかけられているようには見えませんでした。

それでも、イチジクの木には、夏に、多くの実がなっていました。おいしさにひどくこだわらないのなら、手間がかからず、栽培はしやすい果樹なのでしょう。「栽培が容易である」という条件を十分に満たしています。

三つ目は、「料理をせずに食べられる」ことです。世界最古の栽培作物として、人類の主食であるイネやコムギ、トウモロコシなどが考えられがちです。しかし、これらは調理をせずに食べられません。世界最古の栽培作物が、食べるために調理をしなければならないもののはずがないと考えられます。

それに対し、イチジクは、果実をそのまま食べられます。五〇～六〇年前には、おいしいものが少なかったこともあるでしょうが、家の庭でできたイチジクの実は十分においしかったと記憶しています。

このように、イチジクは、「多くの実がなり、栽培が容易で、料理をせずにおいしく食べられるものである」という、最古の栽培作物にふさわしい条件を満たしています。そのため、「イチジクが、世界最古の栽培作物である」と考えられています。

しかし、「世界最古の栽培作物であるなら、食料として保存できなければならないはずだ」という疑問が浮かびます。「イチジクの果実は、保存ができない」と思われるかもしれません。すると、「世界最古の栽培作物には、適していないのではないか」と考えられます。

ところが、イチジクの果実は、ドライ加工されると、保存食となります。当時のドライ加工は、干して乾かすだけのものだったかもしれませんが、それにより、保存食になれたのです。「世界最古の栽培作物である限りは、保存できること」という四つ目の条件を満たすことになります。

しかし、遺跡から発掘されたからといって、栽培されていたとは限りません。たとえば、もしイネの多くの籾殻《もみがら》が古い遺跡から発見されたとしても、イネが栽培されていたかどうかの判断はむずかしいでしょう。なぜなら、栽培をせずに、自然に育っていたおコメを収穫して食べていただけの可能性があるからです。

ヨルダン渓谷の遺跡から発掘されたイチジクの場合は、種子をつくらない性質であることがわかりました。実の中に種子がいっさいなかったからです。とすると、それらの実を食べるためには、イチジクの木を人間が植えなければならず、「栽培されていた」と考えざるを得ないことになります。そこで、イチジクが「世界最古の栽培作物」とされたのです。

では、「どうして、種子のないイチジクを増やしていたのか」との疑問が浮かびます。イチジクは、現在、挿し木のしやすい果樹として知られています。そのため、種子のないイチジクを栽培していたとすると、株は「挿し木」で増やしていたと考えられます。挿し木というのは、茎や枝を切って土に挿し、根を生やさせる技術です。

その時代に、植物が挿し木で増やせることを知っていたとすれば、当時の人類の力はすごいものです。同時に、挿し木で増やせるという性質をもっていてくれたイチジクは、当時の人にとって〝ありがたい〟植物であったはずです。

「世界最古の栽培作物であるなら、健康にも良かったのではないか」とも思われます。イチジクは、その通りに、昔から、「薬の木」とか、「不老長寿の果物」といわれてきました。ポリフエノールを多く含み、カリウム、カルシウムなどのミネラルも豊富だからです。

近年は、抗がん作用のあるといわれる「ベンズアルデヒド」や、血圧降下作用のある「プソラレン」などが含まれているといわれます。ザクロエラグ酸が含まれているので、肌が黒くなる原因となるメラニンという色素の生成を抑えます。そのため、美白効果があると考えられます。

イチジクでは、実や、実を支えている柄の部分を折ると、切り口から白い液が出てきます。少しドロッとしています。虫や鳥などの動物がイチジクを食べようとして、実や柄を噛むと、このドロッとした液が出てきて、嫌がらせの効果は十分にあるでしょう。

ですから、この液は、虫や鳥などの動物から食べられることから、からだを守っているのです。また、傷ついたときに侵入してくる病原菌を退治するために、イチジクは、このような液をもっているのです。

しかも、この液には、タンパク質を分解する「フィシン」という物質が含まれています。このおかげで、イチジクを入れて肉料理をつくると、肉のタンパク質が分解されるので、肉がやわらかくなります。また、私たちは、肉料理の食後にイチジクを食べることにより、消化を促進してもらえます。

Q「TVフルーツ」とは?

これはミカン科ミカン属に属する柑橘《かんきつ》類ですが、原産地は日本です。この果物の祖先は、江戸時代初期に中国からもたらされ、そのときには、種子がありました。ところが、薩摩藩（現在の鹿児島県）で栽培されていた約四〇〇年前の江戸時代の前期に、「タネなし」になりました。

この当時は、種子（子ども）がなければ「御家断絶」の時代でした。そのため、「タネなし」は忌み嫌われました。皮が剥きやすく種子がないという食べやすさの魅力が理解され、その味わいが評価され、人気が出るのは明治時代になってからです。

現在では、この果物は「日本人の好きな果物ランキング」で第二位です。外国でも人気が高まっており、この果物の名前は、国際共通語になりつつあります。また、「テレビを見ながらでも食べられる」という意味で、カナダやアメリカでは、「TVフルーツ」とか「TVオレンジ」ともよばれます。

近年は、夏に緑色の果皮に包まれた姿、あるいは、緑色の果皮が部分的に黄色を帯びた姿で、市場に出ています。この果物の旬を待ちきれない人々の要望に応えたものです。本来、この果物の旬は秋から冬であり、黄色く色づいた姿が成熟したものです。

さて、この果物は何でしょうか。

A この果物は、温州ミカンです。

「ミカン」という語は、温州ミカンを含めて、ナツミカンやオレンジなど、ミカン科ミカン属に属する柑橘類の総称です。でも、ふつうに「ミカン」とよばれるのは、「温州ミカン」のことです。一一月三日は、この果物の日です。「いい（一一）ミカン（三日）」の語呂合わせからです。

このミカンの祖先は中国からもたらされ、そのときには、種子がありました。ところが、当時の薩摩藩（現在の鹿児島県）で栽培されていた江戸時代の前期に「タネなし」になりました。「タネなし」になるために、二つの性質が備わりました。「花粉が種子をつくる能力をなくす」と、「種子ができなくても、実が肥大する」という性質です。

「タネなし」になったミカンには、中国のミカンの集散地として名高い「温州」にちなんで、「温州ミカン」という名前がつけられました。そのため、いかにも「中国生まれ」のような印象を受けます。しかし、この果物は、正真正銘の日本生まれなのです。

この果物の品種は、多種多様です。このミカンの味わいを長く楽しむために、成熟する時期が異なるような品種がそろえられているのです。九～一〇月に極早生《ごくわせ》、一〇～一二月に早生《わせ》の品種、一二～一月に中生《なかて》、一～三月に晩生《おくて》の品種が出まわります。

極早生には「日南一号」、早生には「宮川早生」、中生には「南柑《なんかん》20号」、晩生には「青島《あおしま》温州」などの品種があります。しかし、このような品種の名前を耳にすることは多くありません。なぜなら、味や見かけで品種名がわかるほどには、品種ごとの性質に特徴がないからです。

そのため、温州ミカンでは、個々の品種名ではなく、生産地の名前を「ブランド名」として、販売されることが多いのです。「有田みかん」や「愛媛みかん」、「静岡みかん」や「佐賀みかん」などです。

このミカンの果汁の中には、ビタミンCとともに、β-クリプトキサンチンという物質が含まれています。近年、β-クリプトキサンチンには、肝臓の機能を守る効果があることが、注目されています。

二〇〇五年に農林水産省所管の研究機関「農研機構」から、「ミカンをよく食べる人では、肝機能障害のリスクが低い」という研究結果が発表されました。アルコール類を多く飲む人は、血液検査のとき、気になる検査項目の一つに、「γ-GTP」があります。

これは、肝臓機能の障害を示す指標になるもので、約五〇（単位は、IU／L）以下の数字が正常とされます。アルコール類の飲みすぎが続くと、この数値が上昇します。研究の発表では、「お酒をまったく飲まないと約三〇という数値が、毎日、一本の大瓶のビールを飲んでいると、五〇～六〇の値にあがる」と報告されています。

ところが、「毎日、一本の大瓶のビールを飲んでいても、一週間に二～三個の温州ミカンを食べていると、この値が四〇〜五〇にとどまり、一日に二〜三個の温州ミカンを食べていると、この値が約三〇のままに保たれる」というのです。

毎日二〜三個の温州ミカンを食べるのは食べすぎのような気もしますが、このミカンのおかげで、γ-GTPの値が、毎日、ビールの大瓶を一本飲んでも、まったく飲まないのと同じ値になるのです。これが、β-クリプトキサンチンの効果です。

温州ミカンには、β-クリプトキサンチン以外にも、「ヘスペリジン」という物質が含まれています。昔から、「ミカンの皮は、風邪の薬」といわれました。その皮や袋に多く含まれる物質が、ヘスペリジンです。近年、この物質は「血管の機能を改善する」といわれ、私たちの健康を維持するはたらきが注目されています。

ミカンは果実ばかりが注目されますが、花もまた魅力的です。花が印象的なので、「みかんの花が咲いている　思い出の道　丘の道」と童謡に歌われています。真っ白い花は、いい香りを放ちます。

近年、「佐賀みかん」の産地、佐賀県鹿島市では、ミカンの花に包まれた結婚式が試みられています。会場内にミカンの花の新鮮な香りがいっぱいに漂い、初々しさを感じさせる新しい門出を演出します。

Q「一日一個で、医者いらず」といわれる果物とは?

これはバラ科の果物で、原産地はヨーロッパからアジアにかけた中央アジアです。旧約聖書で神の創造した最初の人間とされるアダムと、その妻であるイブが食べた「禁断の木の実」はこの果実といわれるくらい、古くから栽培されてきました。昔の人々も、この果物が健康に良いことを体験的に知っていたのでしょう。

この果物は、日本には、明治時代の初期にアメリカから伝えられました。現在では、青森県、長野県がこの果物の栽培の中心地で、二つの県の合計で、国内生産量の七割が賄われています。この果物は、「日本人の好きな果物ランキング」で第五位になっています。

この果物の品種の数は多く、日本でも多くの品種が栽培されています。「ふじ」「つがる」「王林」などです。「アルプス乙女」というかわいらしい名前の品種もあります。これは長野県で生まれた品種で、小さな果実をつくります。

有名人の命日を、その人の業績を偲《しの》ぶ日として、○○忌ということがあります。この果物の名前を漢字で入れた、「○○忌」は、国民的大歌手、美空ひばりさんの命日です。なぜなら、この果物名が入った大ヒット曲があるからです。

さて、この果物は何でしょうか。

A この果物は、リンゴです。

英語のことわざに、“An apple a day keeps the doctor away.”というのがあります。日本語では、「一日一個のリンゴは、医者いらず」とか「リンゴ一個で医者知らず」、あるいは、「一日一個のリンゴは、医者を遠ざける」と訳されます。いずれも、「一日に一個のリンゴを食べていれば、お医者さんの世話になることはない」という意味です。リンゴには、健康にいい成分が含まれているからです。

リンゴには、ポリフェノールが多く含まれます。これは、老化や成人病の原因となる活性酸素を消去します。また、多く含まれるカリウムには、余分な塩分の排出を促し、血圧を下げる効果があります。

リンゴは、「よく洗ったあとは、皮を剝かずに、皮ごと食べた方が良い」といわれます。この理由は、ペクチンが皮の近くにあるためです。ペクチンは食物繊維であり、腸の調子を良くし、便秘を予防する効果があります。

これらの成分以外にも、果肉には、「リンゴ酸」という物質が多く含まれています。これは、リンゴから見つかった物質で、疲労回復の効果があることが知られています。ポリフェノール、カリウム、ペクチン、リンゴ酸などの成分のおかげで、リンゴは健康に良いのです。

昔から、「リンゴ箱の中に熟したリンゴを見つけたら、すぐに箱から取り出せ」といわれます。リンゴ箱に詰められた一個のリンゴが熟すと、まわりのリンゴが急速に熟しはじめるからです。箱の中で、リンゴが熟す現象は、伝染するように広がります。

この伝染は、熟したリンゴから「エチレン」という気体が放出されることが原因です。熟したリンゴでは多くのエチレンがつくられ、エチレンは気体であるために容易に放出されます。放出されたエチレンは、熟していないリンゴに吸われると、そのリンゴを熟させます。エチレンは多くの果物を成熟させる「果物の成熟ホルモン」とよばれます。

リンゴから発生するエチレンの量は、果物の置かれる状態で変わります。リンゴは、柄のついた方を下にして逆さまに立てておくと、ふつうに直立させて置いたものより、エチレンの発生量が多くなります。

貯蔵後一〇日で、直立した場合より、約二倍のエチレンが発生します。だから、早く成熟させたければ、逆立ちにしておくといいのです。エチレンを吸収させなければ、果物の新鮮さは長持ちします。〝新鮮さを保つ〟というキャッチフレーズで市販されているリンゴは、密封されており、その包装の中にエチレンを吸収する吸着剤が入れられています。

「リンゴの日」というのが、語呂合わせで決められています。一一月五日です。「いい（一一）リンゴ（五）の日」です。語呂合わせといっても、「リン」という音はどこにも出てこないので、「かなり無理をしている」と思われるかもしれません。でも、一一月五日を一一月〇五日と書いて考えてください。〇はその形から「輪」と考えられて、「リン」と読まれます。すると、一一月〇五日は「一一（いい）〇（リン）五（ゴ）」の日となります。

有名人の命日を、その人の業績を偲ぶ日として、〇〇〇忌ということがあります。この〇〇には、その人が生前に好きだった植物名や、歌や小説に使われた植物の名前が入ります。たとえば、二月一二日は、ナノハナを好んだ司馬遼太郎の「菜の花忌」です。六月一九日は、『桜桃』という作品がある太宰治の「桜桃忌」です。この一つに、「林檎忌」があります。これは、『リンゴ追分』という曲を大ヒットさせた美空ひばりさんの命日で、六月二四日です。

リンゴには、「自家不和合性」という性質があります。自分の花粉を自分のメシベにつけて種子をつくらないという性質です。この性質は、品種により、強さの程度に差があります。この性質が強い品種では、一本では実をつけません。だから、他の品種の花粉を人間がめしべにつけてまわるという「人工授粉」をしなければなりません。

自家不和合性という性質が弱い品種なら、自分の花粉で実をつけることがあります。ですから、この性質をまったくもたないか、その程度が極端に弱い場合は、「自家結実性」となります。この場合は、一本でも、実がなります。「アルプス乙女」などはこの品種です。ただ、自家不和合性が弱くて、一本で実がなるという場合でも、他の品種の花粉がつくと、多くの実がなる傾向があります。

Q「八月七日が、この果物の日」といわれるのは？

これはバショウ科の植物で、原産地は東南アジアのフィリピンやマレーシアです。この果物は、もっとも古い栽培植物の一つです。五〇〇〇年以上も前から中南米、フィリピンなどの熱帯、亜熱帯地方で栽培されてきました。

日本に最初にもたらされたのは、戦国・安土桃山時代で、日本で初めてこの果実を食べたのは、織田信長といわれます。この話の真偽は定かではなく、正式に、商業的に輸入が始まるのは、明治時代になってからです。

いろいろな「果物の日」が、語呂合わせで決まっています。ナシの日は、七月四日、イチゴの日は、一月一五日、スイカの日は、七月二七日、ミカンの日は、一一月三日、リンゴの日は一一月五日でした。同じような語呂合わせで、この果物の日は、八月七日です。

「タネなしフルーツ」には、ブドウ、カキ、ビワ、スイカなど、いろいろあります。これらは、「タネなし」といいながら、種子のある品種があります。また、温州ミカンも「タネなし」ですが、稀《まれ》に種子のあることがあり、種子をつくる能力があります。この果物は、種子は一切ありませんので、本物の「タネなしフルーツ」です。

さて、この果物は何でしょうか。

A この果物は、バナナです。

バナナは、季節を問わずに味わうことができます。でも、この果物の日は、「八(バ)月七(ナナ)日」です。昔は、高価な果物でしたが、近年は、手ごろな価格になっています。皮が剝きやすく、種子がないので、ほんとうに食べやすい果物です。

バナナには、食物繊維が多く含まれており、食べごたえがある割には、意外と低カロリーです。バナナ一本で可食部を約一〇〇グラムとすると、約八六キロカロリーで、お茶碗《ちゃわん》でご飯一膳の約半分です。そのため、「バナナ・ダイエット」とよばれて、「バナナを食べてやせられる」といわれます。また、バナナは、ビタミンB群やC、カリウムを多く含んでいます。

「バナナの皮を剝くと、白い筋が出てきますが、あれは何か」という疑問がもたれます。あの筋は、バナナの実が肥大するための栄養を運ぶ役割をもっていて、栄養分の通路になっていると考えられる部分です。

「タネなしフルーツ」の代表の一つはバナナですが、これにも、昔、種子がありました。でも、突然変異がおこって、種子ができなくなったのです。バナナを輪切りにして注意深く観察すると、中心部に、小さな黒色の点々があります。それが、種子のなごりです。

突然変異がおこる前のバナナの種子は、けっこう大きくて、アズキの豆くらいの大きさでした。それが、一本のバナナにたくさん詰まっていました。現在でも、種子のあるバナナは残っており、沖縄県などで見ることができます。突然変異をおこして種子をなくしたバナナは、食べやすくて都合がいいので、人間が大切に栽培して、「タネなしフルーツ」の代表にしたのです。

「種子のないバナナを、どうして増やすのだろうか」という疑問があります。種子をつくる能力をなくしたバナナでも、根元から新しい芽生えを生やす能力をもっています。バナナを育てていると、親の株の根元のあたりから、新しい芽生えが出てきます。その芽生えを育てると、バナナの実がなります。

バナナの有名品種は、「キャベンディッシュ」です。これは、フィリピン産のバナナで、正式な名称は、「ジャイアント・キャベンディッシュ」です。現在、日本で食べられているバナナの約八〇パーセントを占めています。商品名としては、「スウィーティオ」「プレシャス」「甘熟王」などがあります。

台湾でつくられる「台湾バナナ」は、キャベンディッシュに比べると、果実が短めで太いのが特徴です。「北蕉《ほくしょう》」や「仙人蕉《せんにんしょう》」などが知られていました。でも現在では、台湾バナナの販売量は少なくなっています。「モンキーバナナ」は、果実の長さが短く、七〜八センチメートルくらいです。

バナナを切って、しばらく置いておくと、切り口が黒褐色になります。どんなしくみで、バナナの切り口が黒褐色に変色するのでしょう。その原因はバナナの実が切られることで、それまで皮に包まれていた果肉や果汁が、空気と触れるからです。

バナナの果肉や果汁の中には、酸素と反応するものが含まれています。それは、ポリフェノールという物質です。ポリフェノールが、空気中の酸素と接触して、黒褐色になるのです。この物質は、バナナの果肉や果汁の中に存在します。しかし、皮を剝いたり、実を切ったりしなければ、この物質は空気中の酸素と触れることはありません。だから、切らない実の中では、黒褐色にはならないのです。

ですから、「バナナの切り口が黒褐色になるのは、果肉や果汁の中に含まれていたポリフェノールという物質が、空気中の酸素と反応するからです」という説明は、間違ってはいません。しかし、もう少し丁寧に説明すると、この反応を進めるためには、もう一つの物質が果肉や果汁の中に必要です。それは、「ポリフェノール酸化酵素」という物質です。この物質が、酸素とポリフェノールの反応を進め、ポリフェノールを黒褐色にするのです。バナナの皮にも、ポリフェノールやポリフェノール酸化酵素が多く含まれています。

そのため、皮に傷をつけて、時間が経つと、ポリフェノール酸化酵素のはたらきで、ポリフェノールが黒褐色になります。皮に文字を書いておけば、しばらくして鮮明に文字が浮かびあがります。新鮮なバナナの皮は、簡単な伝言をするための「メモ用紙」になら十分使えます。

Q「骨粗しょう症の予防に効く」果実とは？

これは、ツツジ科の植物で、北アメリカ原産やヨーロッパ原産などの品種があります。日本には、一九五一年に、アメリカから導入されたといわれています。その後は、長野県などで栽培されています。

この植物は、春には、果実より少し小さな白い花を咲かせ、夏には美しいブルーの小さな実を成熟させ、収穫されます。この果物の名前は、「青い小さな実」を意味します。この果実は、甘味と酸味を備えており、生のままでも食べられ、ジャムなどの材料にも使われます。この実の果皮も果肉も、青紫色です。この色素はアントシアニンに由来します。

その苗木は、園芸店や苗木を売る店で販売されています。鉢植えにしても、庭や畑の地面に直接植える地植えでも、花を咲かせ、実の収穫をたのしむことができます。秋には、葉っぱがきれいに紅葉します。

この果樹は、本来は自家不和合性なので、果実を得るためには、別の品種といっしょに植えなければなりません。しかし、近年は、一本でも果実を結実するという、自家不和合性の弱い品種の苗木が売られています。

さて、この果物は何でしょうか。

A この果物は、ブルーベリーです。

ブルーベリーは、「目にやさしい」といわれます。この効果は、イギリス空軍の一人のパイロットの言葉がきっかけで、見つかりました。彼は、第二次世界大戦中、夜間の空中戦や明け方のうす明かりの攻撃の際に、いつも大きな戦果をあげました。

「なぜ、夜間や明け方のうす明かりの際に、大きな戦果をあげられるのか」と聞かれて、彼は「ブルーベリージャムをつけたパンを食べてから、戦闘に飛び立つと、薄明かりの中でも物がはっきりと見えるからです」と答えたのです。

しかし、ブルーベリージャムをパンにつけて食べることは、当時のイギリスでは、めずらしいことではありませんでした。なぜ、彼だけが、ブルーベリージャムを食べた効果に気がついたのでしょうか。

その答えは、彼のブルーベリージャムを食べる量が、中途半端でなく特別だったのです。彼は、ブルーベリージャムが大好きで、パンの厚さの二倍も三倍もの厚さにたっぷりとぬって食べていたのです。

戦後、この話をヒントに、フランスやイタリアで、ブルーベリージャムに含まれる、どの成分が視力を良くするのかが調べられました。その結果、ブルーベリーに含まれる赤紫色の色素であるアントシアニンが視力を高めるのに効果をもつことが明らかになったのです。

ブルーベリーに含まれるアントシアニンには、ロドプシンという物質の合成を活発にするはたらきがあります。ロドプシンというのは、人間の目の網膜にある物資です。これに光が当たると、私たちは、「物が見える」と感じます。ところが、ロドプシンは、目を使っていると、徐々に分解されてなくなっていきます。ブルーベリーに含まれるアントシアニンは、このロドプシンの合成を活発にするのです。

ですから、ブルーベリーは、目をよく使う人の視力の維持や回復に役立ちます。たとえば、テレビゲームに熱中する子どもたち、パソコンの画面を長い時間見つめる人、夜遅くまで勉強する受験生、長時間にわたって車を運転するドライバーなどには、効き目があるはずです。

二〇一二年七月、国立長寿医療研究センターの研究者から、「ブルーベリーのアントシアニンは、骨粗しょう症の予防に効く」という発表がありました。

「骨粗しょう症のマウスにブルーベリーのアントシアニンを毎日与えて、約二週間後に調べたところ、骨の量が健康なマウスとほぼ同じだったのです。一方、アントシアニンを与えないマウスは、骨の空洞化が進んでいた。そのため、「人間にも効果があるのか、その場合、どれだけ食べたらいいのか」というのが、次の課題です。

このように、ブルーベリーのアントシアニンの効果がわかってくると、「アントシアニンは、多くの植物の葉っぱや花や実に含まれているのに、なぜ、ブルーベリーのアントシアニンだけが『目に良い』といわれるのだろうか」という疑問が思い浮かびます。

それは、「アントシアニンという名称は総称であり、アントシアニンには、いろいろの種類がある」ということが原因です。アントシアニンには、デルフィニジン、シアニジン、ペチュニジン、ペオニジン、マルビジンなどの種類があります。

これらは、それぞれがいろいろな効能をもち、その効能の強さは異なります。アントシアニンを含むといわれる花や野菜、果物にこれらが一種類だけ含まれていることはなく、いくつかが組み合わされて含まれています。

さらに、組み合わされるときには、それぞれの量と比率が違っています。ですから、アントシアニンを含むといわれても、花や野菜、果物ごとに、アントシアニンの種類や量と、その組み合わせ、その比率が違っているのです。

「ブルーベリーのアントシアニン」と限定されるのは、ブルーベリーに含まれるアントシアニンの種類と量、その組み合わせ、その比率が相まって効能がもたらされるからです。その効能は、同じ花や野菜、果物でも、品種ごとに違ってきます。

ブルーベリーは、ツツジ科の植物で、北アメリカ原産やヨーロッパ原産などの品種がありま す。ですから、「この品種より、あの品種のブルーベリーの効果が強い」というような言い方がされることがあるのです。

Q 「網目模様の不思議な果実」とは？

これはウリ科の植物で、原産地はアフリカとされたり、インドとされたりしますが、定かではありません。日本では、マクワウリがこの果物の元祖とされ、縄文時代にはすでに栽培されていました。漢字で「甜瓜」と表され「瓜」がつくように、ウリ科の代表的な果物です。

品種には、「アンデス」「プリンス」「夕張」などの言葉がつくものがあります。「アンデス」という名前からは、アンデス山脈が連想され、そのあたりがこの品種の生まれ故郷かと想像されます。しかし、この品種は日本で生まれたものです。「安心して栽培できます」「安心して食べられます」という「安心です」を売り文句にして、アンデスという名前が生まれました。

日本では、ブドウのマスカット・オブ・アレキサンドリアが、「果物の女王様」とよばれます。それに対し、この果物の一品種が、「果物の王様」といわれます。価格、風味、気品などから、これは、ふさわしい呼び名です。

この果実には、「ククミシン」というタンパク質を分解する消化酵素が含まれています。そのため、この果実を食後のデザートとして食べるのは理にかなっています。特に、肉料理などのあとには、ククミシンが肉を消化する力を発揮するはずです。

さて、この果物は何でしょうか。

A この果物は、メロンです。

「メロンは、美容と健康に良い」といわれます。その理由は、シミ、ソバカスを防ぐビタミンCが豊富に含まれているからです。また、老化やがん、成人病などの原因となる活性酸素を消去するカロテンが含まれますから、これらの病気の予防にはたらくことが期待されます。

果肉に多く含まれるペクチンは、食物繊維ですから、腸内の有毒物質の排出を促す作用があります。また、肌のみずみずしさを保ち弾力性を維持します。カリウムは、利尿作用があり、ナトリウムの排出を促し、高血圧を予防してくれます。

「果物の王様」であるマスクメロンはメロン、「果物の女王様」であるマスカットはブドウですから、姿、形は似ていません。でも、この二つの果物には不思議なつながりがあります。

表面の網目模様が、マスクメロンの特徴です。そのため、マスクは「表面を覆うもの」を意味する「mask」に由来する名前と思われます。ところが、マスクのスペルは「musk」で、これは麝香《じゃこう》を意味します。麝香とは、ジャコウジカの香りで「香りの象徴」とされ、ムスクという香水として知られます。マスクメロンは、麝香の香り高いメロンという意味なのです。

マスクメロンとマスカットのつながりは、この香りです。マスカットは、「ムスクキャット(musk cat)」の香りに由来し、ジャコウ(musk)ネコ(cat)を意味します。ムスクのような甘い香りで麝香を思い起こさせるので、その香りのするジャコウネコから名づけられました。

Q 「ビタミンCの女王様」とは?

これは、原産地がインド東部のヒマラヤといわれています。香酸柑橘類として、世界で一番生産量が多いものです。「香酸柑橘類」とは、香りが良くて、酸味が強く、生食に向かない柑橘類です。この果実と、ユズ、スダチ、カボス、ライムなどがあります。この果樹は、日本では、広島県、愛媛県、熊本県などで栽培されています。現在では、アメリカやイタリア、オーストラリアで栽培されている柑橘類の一つです。

この果物は、明治時代に日本に渡来しました。漢字では、「檸檬」と書きます。これは、植物名の中でも特にむずかしい漢字です。漢字の「檸檬」は、読むことはできても多くの人が書くことができない植物名の代表です。他には、「薔薇」「蒟蒻」「葡萄」「繁縷」など、読めても書けない植物名があります。これらは、むずかしすぎて書いてみようという気持ちもおこらない漢字です。ちなみに、それぞれ、バラ、コンニャク、ブドウ、ハコベと読みます。

この果実は、「ビタミンCの女王様」といわれて、ビタミンCの象徴となっています。ビタミンCの入っている飲み物やのど飴《あめ》などの包装紙は、この果物の黄色です。また、この果物の絵が描かれていることもあります。

さて、この果物は何でしょう。

A この果物は、レモンです。

レモンの果汁には、一〇〇グラム当たり、ビタミンCが約五〇ミリグラム含まれていま す。この数値は、果物の中でもトップクラスです。そのため、「ビタミンCの女王様」といわれています。

レモンの放つ香りの主成分は、「シトラール」という成分です。また、レモンは酸味のクエン酸を多く含みます。クエン酸は、代謝を活発にし、疲労を回復し、夏バテを防止するのに貢献します。クエン酸は、夏バテが出はじめるころに思い出されるように、語呂合わせよく、「九月三日は、クエン酸の日」とされています。

シトラスは、古くは、ミカン科ミカン属のある植物の名前でしたが、レモンの木の古来の呼び名になったといわれます。また、レモンは、フランスやスペインでは古くは「リモン」といわれていたようです。そのため、レモンの学名は、「シトラス　リモン」です。

ビタミンC入りの清涼飲料水には、「一缶に、レモン五〇個分のビタミンCが入っている」などと書かれています。これを一本、一気に飲めば、レモン五〇個分のビタミンCを摂取することになります。

このように、飲み物やのど飴では、含まれるビタミンCは、「レモン何個分」と表示されます。このときのレモン一個分のビタミンCとは、どのくらいの量でしょうか。いい加減にいわれているわけではありません。

レモンの果実一個は約一二〇グラムで、その中の果汁は約三〇パーセントですから、果汁の重さは三六グラムです。レモンの果汁一〇〇グラムには、ビタミンCが五〇ミリグラム含まれています。ですから、三六グラムの果汁には、ビタミンCは一八ミリグラム含まれます。これを約二〇ミリグラムとして、レモン一個分のビタミンCは、二〇ミリグラムとされます。

ですから、レモン五〇個分なら、一〇〇〇ミリグラムです。一日のビタミンCの所要量は一〇〇ミリグラムですから、一〇〇〇ミリグラムなら、これは、一日のビタミンC所要量の約一〇倍です。

でも、「レモン五〇個分ものビタミンCが、私たちのからだに必要なのか」との思いがよぎります。ビタミンCの入ったのど飴が一〇粒詰まったものを一〇〇円で一包みを買うと、「一包みに、レモン一五〇個分」と書かれています。一日で食べると、一日にレモン一五〇個分のビタミンCを摂取することになります。「そんなに摂取してもいいのだろうか」と、不安になります。

しかし、清涼飲料水の缶には「ビタミンCは水溶性なので、からだに長期間蓄えておくことはできません。なるべく頻繁に摂取して体内のビタミンCのレベルを高く保つことが大切です」と書かれていることがあります。暗に、「ビタミンCは、多く摂りすぎても排出される」

ことが、ほのめかされています。

一方、のど飴の隅の方に、小さく、「続けてたくさん召し上がると、刺激が強すぎる場合があります」と書かれていることもあります。飲み物やのど飴でのビタミンCの摂りすぎは、摂りすぎる人の自己責任ということでしょう。

第四章 日本人がよく食べる野菜

江戸時代に入る前までに日本に渡来し、栽培され、和食の食材として、私たちの健康に貢献してくれてきた〝ありがたい〟植物が多くあります。第一章では、ダイズ、エダマメ、チャ、ゴマ、ソバ、アズキを紹介しました。第二章では、ダイコン、カブ、レンコン、ゴボウ、コンニャク、サトイモ、ヤマイモ、ネギ、シソ、キュウリ、ナス、モヤシを取り上げました。

古くから、日本で栽培され、多くの日本人に愛されている果物も、和食パワーの一翼を担っています。そのような果樹も、また〝ありがたい〟植物です。第三章で紹介した、ブドウ、ウメ、クリ、モモ、ナシ、カキ、ビワ、イチゴ、スイカ、イチジク、温州ミカン、リンゴ、バナナ、ブルーベリー、メロン、レモンです。

しかし、江戸時代以降に日本に入ってきた野菜も、現在の私たちの大切な食材となり、健康を支えてくれている、〝ありがたい〟植物たちです。本章では、「よく食べられている野菜のランキング」に入っていて、ここまで紹介していなかった野菜を、第一位〜第一〇位に入っているものと、第一一位〜第二〇位に入っているものに分けて取り上げます。

①　よく食べられている野菜のランキング　第一位〜第一〇位

Q「一日一個で、医者を遠ざける野菜」とは?

これはヒガンバナ科（以前は、ユリ科）の野菜で、中央アジアが原産地です。日本には、明治時代の初めに伝えられました。その当時、すでに知られていたラッキョウよりひとまわり大きいので、この野菜は「ラッキョウのお化け」と気味悪がられました。

現在では、この野菜は、「よく食べられている野菜のランキング」の第二位です。この野菜の学名は、「アリウム・ケパ」です。「アリウム」は、ネギ属を示し、「ケパ」は昔のケルト語で、「頭」を意味しています。だから、学名は、「頭のあるネギ属の植物」という意味です。

イギリスでは、この野菜は「一日一個で、医者を遠ざける」といわれる〝ありがたい〟植物です。そのありがたさへの感謝の気持ちが目に染みておこるわけではないでしょうが、この野菜を包丁で刻んでいると、涙が出てきます。

さて、この野菜は何でしょうか。

A この野菜は、タマネギです。

タマネギの食用部の姿は、「ラッキョウのお化け」といわれた通りに、同じヒガンバナ科（以前は、ユリ科）に属する仲間であるラッキョウに似ています。しかし、これはその大型です。ラッキョウの原産地は中国とされ、日本には薬用の植物として平安時代に伝えられ、江戸時代には野菜としてすでに栽培されていました。

「タマネギの食用部は、根である」と思われがちですが、食用部のほとんどは葉っぱです。一枚一枚が太く短い鱗《うろこ》状の葉なので、「鱗葉《りんよう》」といわれます。茎は、食用部の芯に当たる部分で、太く短いです。

栽培されているタマネギの食用部の肥大のはじまりは、夜の長さの変化が刺激となります。初夏に収穫されるタマネギは、春から初夏にかけて、暗い夜が短くなるのに刺激されて、食用部を肥大させます。そのため、一年中、タマネギが栽培される畑が夜に明るい高速道路などの街路灯で照らされると、収穫量が落ちます。「夜が短くなれば、それに刺激されて、食用部を肥大させる」ということなら、「夜に街路灯で照明されると、夜が短くなるから、よく肥大するはずではないか」と思われるかもしれません。

しかし、そうではありません。肥大するには、肥大する部分に蓄えられる栄養分がなければなりません。街路灯で照明されて栄養分をつくる期間もなく肥大がはじまれば、栄養分が少ないので、大きなタマネギはできず、収穫量は落ちます。春に十分に栄養をつくったあとで、初夏に短くなる夜を感じていると、大きなタマネギができるのです。

タマネギには、ポリフェノールの一種である抗酸化物質クエルセチン（ケルセチンともいわれる）が含まれています。ミネラルやビタミンも豊富に含まれています。だから、健康に良いのです。「健康を守ってくれる」という〝ありがたみ〟を感じてではありませんが、この野菜を切り刻んでいると涙が出てきます。ただ、タマネギを手にもって目に近づけても、涙は出てきません。切ったり刻んだりすると、涙を流させる「催涙成分」が放出され、涙が出てくるのです。

その理由は、タマネギの中には、催涙成分のもとになる物質と、それを催涙成分に変える物質が、別々に存在していることです。二つの物質は、接触しないようになっています。ところが、タマネギを切ったり刻んだりすると、二つの物質が切り口のところで接触して反応し、催涙成分がつくられ放出されるのです。

ですから、細かく刻めば刻むほど、切り口の面積は増えますから、反応が多くおこり、多くの催涙成分がつくられます。この物質は、気体になって揮発する性質がありますから、切り口から空気中に放たれて漂います。そして、水に溶けやすいので目にしみ込みます。すると、この物質には、催涙性があるので、涙が出るのです。

催涙成分のでき方とその性質を知ると、涙をあまり流さずに、タマネギを刻む方法が見えてきます。一つ目は、この反応が進みにくいように、タマネギをよく冷やしておいてから刻むことです。冷やしておくと、催涙成分ができても、揮発しにくくなるのにも役立ちます。二つ目は、この物質が水に溶けやすいので、刻んだタマネギをさっさと水につけておけば、揮発してきません。三つ目は、この物質をなるべくつくらせないように、よく切れる包丁で、さっさと刻むことも有効です。四つ目は、反応を進める物質は熱に弱いので、タマネギに少し熱をかけてから、刻むことです。

二〇一三年、遺伝子組み換えの技術を使って「涙が出ないタマネギ」がつくられ、イグ・ノーベル化学賞を受賞したことが話題になりました。この賞は、一九九一年に、アメリカで創設されたもので、ユーモアにあふれ、考えさせられる研究に与えられるものです。「イグ」は反対を意味し、「後ろに続く語句を否定する」といわれます。ですから、イグ・ノーベル賞は、「裏のノーベル賞」といわれることもあります。

二〇一五年、ふたたび、「涙が出ないタマネギ」がつくりだされたことが話題になりました。そのときは、遺伝子組み換えの技術は使われていませんでした。イグ・ノーベル化学賞を受賞した人たちが見出した「催涙成分がつくられるしくみ」が利用されました。催涙成分は、「硫化アリル」といわれることが多いですが、正確には、「プロパンチアール-S-オキシド(propanethial S-oxide)」というものです。

そのしくみとは、「タマネギを切り刻むと出てくる汁の中にアリイナーゼという物質が含まれ、それが催涙成分のもとになる物質と反応すると、催涙作用をもたらす成分がつくられる」と説明されてきました。つまり、「原料となる物質にアリイナーゼがはたらくと、途中にできる物質を経て、催涙成分が自然につくられてくる」と考えられていたのです。

しかし、「タマネギの汁を、催涙成分のもととなる物質に作用させると催涙成分ができるが、タマネギの汁からアリイナーゼだけを取り出して反応させると、催涙成分はつくられない」ということが新たにわかったのです。つまり、催涙成分がつくられるためには、アリイナーゼだけでなく、タマネギを切り刻むと出てくる汁の中に含まれている、アリイナーゼ以外の物質がはたらいていることになります。

そこで、イグ・ノーベル化学賞を受賞した人たちは、その物質を突き止め、「催涙因子合成酵素」と名づけたのです。そして、「その物質がはたらかない条件をつくれば、催涙成分はつくられないはずだ」と考えました。そして、遺伝子導入という技術を使って、その物質がはたらかないようにして、切り刻んでも涙の出ないタマネギをつくりだしたのです。

この研究からわかったことは、切り刻むと涙を出す物質がつくられるしくみは、二段階に分けられるということです。一段階目では、アリイナーゼがはたらき、二段階目は、催涙因子合成酵素がはたらきます。

このしくみがわかると、一段階目のアリイナーゼがはたらくところで、はたらかせないようにすれば、催涙成分はつくられないことになります。それが実際に行われたのです。このタマネギは、催涙成分がつくられないのですから、切り刻んでも「涙が出ないタマネギ」になったのです。

ところが、少し心配なことがあります。催涙成分は、涙を出させるだけでなく、タマネギの辛みを感じさせる物質です。ですから、これがつくられないと、涙が出ないだけでなく、生で食べても辛みをほとんど感じないタマネギになります。

しかし、これが幸いなことに、「涙が出ないタマネギ」は、水でさらさなくても辛みが弱いということです。水にさらさなくても、おいしいオニオンスライスがつくれるタマネギができたということです。新たな生食用のタマネギが誕生したことになります。

昔、辛みと臭みがあるので、仏門の世界では、食べることを禁じられていた五つの野菜があります。「五辛《ごしん》」、あるいは、「五葷《ごくん》」といわれます。タマネギは、ネギ、ニラ、ニンニク、ラッキョウとともに、その五つの中に入っています。五辛には、タマネギに代えて、ショウガやサンショウなどが入ることがありますが、ふつうには、タマネギが入ります。これらは、精神を安定させ安眠を誘う効果がある野菜といわれています。

Q「貧乏人の医者」とは？

この野菜は、ヨーロッパ原産のアブラナ科の植物です。日本には江戸時代の末期に伝えられ、明治時代には、栽培が行われていました。この野菜の元祖は、ケールという植物ですが、この植物は葉が巻いていないので、球形ではありません。

この野菜は、「よく食べられている野菜のランキング」では、第三位です。この野菜は、ある「好きな野菜」調査では、人気ランキング第一位でした。「なぜ、この野菜が多くの人から好かれているのか」と不思議に思う人があるかもしれません。でも、生のまま手軽に食べることができるし、栄養もあるし、嵩《かさ》があるので満腹感が味わえることから、ファンが多いのです。

葉が重なり合って球状になるのを「結球《けっきゅう》」といい、そのような野菜は結球性野菜といわれます。この野菜は、レタス、ハクサイとともに、「三大結球性野菜」の一つです。古い和名では、「甘藍《かんらん》」、あるいは、玉のように結球するので、「玉菜《たまな》」や「球菜《たまな》」と書かれます。

洋菓子の「シュークリーム」の「シュー」は、フランス語で、この野菜のことです。シュークリームの形が、この植物の姿に似ているのです。この野菜は、ヨーロッパでは、「貧者の医者」とか「貧乏人の医者」といわれます。

さて、この野菜は何でしょうか。

A この野菜は、キャベツです。

「シュー」は、フランス語でキャベツのことです。だから、「シュークリーム」は、「クリームの入ったキャベツ」の意味です。ただ、アメリカでは、「シュークリーム」は、「靴のクリーム」を意味します。シュークリームは、「クリーム・パフ」とよばれます。

キャベツは、「貧者の医者」とか「貧乏人の医者」といわれます。ビタミンCや、出血したときなどに血液を固まりやすくするビタミンKなどを豊富に含み健康に良いからです。特に、「キャベジン」という物質は、この葉から発見された抗潰瘍《こうかいよう》効果のある成分です。日本では、「キャベジン」という名前は商品名になっていますが、本来は、物質の名前です。

キャベツ畑には、モンシロチョウが飛びまわり、卵を産みつけます。卵からかえった幼虫のアオムシは、キャベツを食べます。キャベツはアオムシに食べられたら、その傷口から、ある香りを放出します。それはアオムシコマユバチというハチが大好きな香りであり、それにひきつけられて、そのハチがやってきます。このハチは、アオムシのからだに卵を産みつけます。タマゴから生まれる幼虫はアオムシのからだを蝕《むしば》みながら成長し、アオムシは死にます。

アオムシに葉をかじられたキャベツは、香りでアオムシコマユバチにSOSを送り、アオムシを退治してもらうのです。アオムシコマユバチにとっては、「ここにアオムシがいるよ」とキャベツから教えてもらっていることになります。

Q「チャイニーズ・キャベッジ」とは?

これはアブラナ科の野菜で、原産地は地中海沿岸とされますが、古くから栽培されている中国が原産地とされることもあります。そのため、英語名は「チャイニーズ・キャベッジ」で、「中国生まれのキャベツ」という意味です。

日本には、明治初期に中国を経由して渡来しました。煮物、漬物の素材として重用されます。また、ニンニクやトウガラシなどといっしょに漬け込むキムチの大切な素材です。「漬物で好きな野菜ランキング」において、この野菜は、キュウリに次いで、第二位でした。

「よく食べられている野菜のランキング」では、第四位です。これは、キャベツとレタスとともに、「三大結球性野菜」の一つです。葉が結球しているので、姿からはアブラナ科の仲間とは想像しがたいです。でも、春に薹《とう》が立つと、アブラナと同じ花が咲きます。

春には、薹が立つという現象をおこし、茎が伸びだして、花が咲きます。コマツナやカブと同様に薹が立った部分を食用とする「トウダチナ」として知られています。薹立ちすると、花や実をつけるために、葉っぱから栄養が奪われるので、結球した野菜の価値は落ちます。

さて、この野菜は何でしょうか。

A この野菜は、ハクサイです。

ハクサイはチャイニーズ・キャベッジといわれるだけあって、生産量は中国が断トツの第一位です。この野菜は、カリウムを多く含むため利尿効果があり、塩分も排出するので、高血圧の予防に効果が期待されます。カロリーが低いのでダイエットにも利用されるはずです。

煮物、漬物など東洋における重要な野菜の一つであり、漬物としてキムチの主原料として欠かせぬ素材です。日本では、ハクサイは、キャベツ、レタスとともに三大結球性野菜として結球する品種が主流ですが、結球しないものもあります。

ハクサイは、「白菜」と書かれるように白いものです。でも、近年は、オレンジ色をした「オレンジクイン」という品種が開発されています。オレンジ色は、トマトに多く含まれるリコペンと仲間の物質です。

古くから、日本で栽培されているような印象がもたれます。しかし、この野菜は、仲間であるカブやアブラナと容易に交雑するため、結球するという特性が守れず、この野菜の種子をとることができませんでした。そのため、交雑を避けるために隔離した島で栽培されました。あるいは、毎年結球する株から種子を採り、その種子からまた結球性の良いものを選んでいくという選抜を繰り返したりする努力が続けられました。その結果、ようやく栽培できるようになった比較的歴史の新しい野菜です。

Q「カロテンの生みの親」とは?

この野菜はセリ科の植物で、セリ、パセリ、セロリとは仲間なので、いずれも特徴的な香りを放ちます。香りの成分は、主に、ピラジンやピネンなどです。この野菜は、「よく食べられている野菜のランキング」では、第五位です。

この野菜の原産地は不明とされることがありますが、中央アジアのアフガニスタンで生まれて、世界中で栽培されるようになったともいわれます。日本では、江戸時代より前に栽培されていたといわれることがありますが、東洋系の品種は江戸時代の初期、西洋系の品種は江戸時代の後期に伝来したとされます。

この野菜は、「カロテンの宝庫」や「カロテンの王様」といわれます。この野菜がカロテンの「宝庫」や「王様」といわれるのは、そのはずです。「カロテン(carotene)」という名称は、この野菜の英語名である「キャロット(carrot)」が語源となっています。この野菜は、カロテンという名前の「生みの親」なのです。

この野菜には、西洋系と東洋系があります。ふつうに食べるのは、西洋系の方が多いですが、お正月ごろには、赤みが濃い東洋系のものが出まわります。

さて、この野菜は何でしょうか。

A　この野菜は、ニンジンです。

ニンジンの食用部は、ダイダイ色をしている根です。この食用部の色が、代表的な抗酸化物質であるカロテンのダイダイ色です。昔はドイツ語読みでカロチンといわれていたのですが、近年はカロテンという方が一般的な呼び名に変わってきました。たっぷり含まれるカロテンの健康への効果が期待され、葉を食べる「葉ニンジン」も、夏には出まわります。カロテンは、カロテンとして抗酸化物質の働きはありますが、ビタミンAが不足したときには、ビタミンAに変換する性質があるのです。

ニンジンは、ふつう、煮物や炒《いた》め物、細く刻んで他の野菜とともにサラダなどで食べられます。また、ジュースとしても飲まれます。しかし、「ニンジンには、こんな食べ方もあるのだ」と、新鮮な印象を受けたことがあります。

数十年前、私がアメリカにいたころ、食事などのない軽いパーティに招かれて行くと、ワインやビールの〝おつまみ〟に、ニンジンが出されていました。セイヨウニンジンが、生のまま、一五～二〇センチメートルのスティック状に細長く切られて、深いガラスのコップに立てられていました。それを、アルコール類を飲みながら、プリッツのように指で摘んで、そのままかじるのです。特に、おいしくはありませんが、食べにくいものでもありませんでした。

その当時は、日本では、スティック状の生のニンジンの〝おつまみ〟には、まだ出会ったことがありませんでした。でも、最近は、多くの居酒屋さんのメニューに加えられているようです。アメリカでは、セロリもニンジンと同じように、並べられていました。ニンジンもセロリも、健康に良さそうですから、スティック状の生の〝おつまみ〟野菜を試みられたら、いかがでしょうか。

レンコンと同じように、この野菜は、ニ「ン」ジ「ン」と、「ン（ん）」という文字が二つもつきます。「ん」は幸運の「運」や、「運がいい」というときの「運」に通じます。そのため、ニンジンも、レンコンと同じように、「運」がつく縁起の良い食べ物とされます。

「ニンジンは、ウマの好物だ」といわれます。「ウマは、ニンジンを大好きなわけではない」ともいわれますが、ほんとうのところはわかりません。大きな神社に行くと、真っ白な「神馬」がいることがあります。餌として、お皿にニンジンが五〜六切れぐらい入って売られています。買ってウマにやると、ぺろりと食べます。ウマは、好き嫌いは別にして、「ニンジンは、からだに良くて、運がつく〝ありがたい〟野菜である」ことを知っているのかもしれません。

ここまで紹介してきたのは、西洋系ニンジンについてです。しかし、ニンジンには、西洋系とは別に東洋系があります。現在、私たちがふつうに食べているのは、セイヨウニンジンです。お正月ごろに出まわる赤みが濃いのが、東洋系のニンジンです。「金時ニンジン」などとよばれています。

また、「朝鮮人参」や「高麗人参」とよばれる「オタネニンジン」がありますが、根の姿がニンジンと似ているので、「ニンジン」という名がついています。「オタネ」というのは、オンタネ（御種）が訛《なま》ったものです。

江戸時代の八代将軍の徳川吉宗が各地の大名に栽培を奨励するために、このニンジンの種子を分け与えたことに由来します。その種子に、敬意を表す意味で「御」をつけ「御種《おんたね》」とよばれたのです。しかし、この植物はウコギ科の植物で、セリ科のニンジンとは、植物学的には、何の関係もありません。

「人参飲んで首くくる」ということわざがあります。初めて聞くと、意味がよくわからず、「首くくる」という語感が気持ち悪く思えます。この場合の「人参」は、オタネニンジンです。値段は高価ですが、「ジンセノサイド」などの有効成分が、体力回復、滋養強壮の薬効をもつことがよく知られています。

このことわざは、「高価なオタネニンジンを服用して病気を治しても、ニンジンの代金が払えずに首をくくるような窮地に陥る」という意味です。前後のことをよく考えず、無計画であったり、また、分不相応のことをして、身を滅ぼしたりすることを戒めているのです。身のほどをよくわきまえ、結果を考えて行動しなければならないということでしょう。

Q この缶詰が「元気の象徴」とされたのは？

これは、西南アジアが原産のヒユ科（以前は、アカザ科）の植物です。「ペルシャ地域から中国へ伝わった草」といわれる野菜です。ペルシャは、中国語で「菠薐《ほりん》」と書かれます。この植物の日本での名前は、中国語で「ペルシャ」を意味する「菠薐」という語に由来します。

日本には、東洋種と西洋種があります。東洋種は、葉に深い切れ込みがあり、葉肉の薄いものです、江戸時代に伝えられました。西洋種は、葉が丸みを帯び、葉肉の厚いもので、明治時代以降にもたらされました。

この野菜は、「よく食べられている野菜のランキング」では、第六位です。昔、アメリカの人気アニメの主人公が、この野菜の缶詰を食べて怪力を出し、恋人「オリーブ」の危機を救いました。そのため、この野菜の缶詰は、「元気の象徴」でした。

キャベツ、ハクサイやレタスなどは、葉を重なり合わせて球状になる野菜なので、「結球性」といいます。これに対し、葉が重ならずに広がった状態になる野菜があり、「非結球性」といいます。この野菜は、非結球性の葉菜類であり、コマツナ、シュンギクとともに「非結球性の三大青菜」の一つです。

さて、この野菜は何でしょうか。

A この野菜は、ホウレンソウです。

ホウレンソウは、西南アジア原産のヒユ科（以前は、アカザ科）の植物です。ペルシャ（菠薐）から中国へ伝わったので、ホウレンソウは「菠薐草」とも書かれます。英語では、「スピナッチ」ですが、この語もペルシャ語に由来するといわれています。

昔、アメリカの人気アニメの主人公「ポパイ」が、この野菜の缶詰を食べて怪力を出し、恋人「オリーブ」の危機を救いました。そのため、この野菜は元気の出る食べ物の象徴でした。食べた直後にアニメで見られるような怪力がほんとうに出るかは別にして、カロテンやビタミンB群やビタミンC、鉄分やマンガンなどのミネラルをたっぷり含む健康野菜です。アミノ酸も多く含まれ、緑黄色野菜の代表です。

ポパイの元気のもとは、もともとはホウレンソウではなくキャベツだったといわれます。ポパイは、アメリカのベジタリアン協会が菜食主義を広げるために、キャラクターとして生みだしたものです。そのため、当初、ポパイはキャベツを抱えて元気さをアピールしていたといわれます。

しかし、キャベツを抱えて行動するのはたいへんなので、ホウレンソウの缶詰に変え、人気を博しました。しかし、そのときには、実際には、ホウレンソウの缶詰はなかったので、その後、急いでつくられたようです。

ホウレンソウは、ヨーロッパでは、「胃腸を掃除する」という意味で、「胃腸のほうき」といわれています。その理由は、胃腸のはたらきを整え、便通をよくする食物繊維やビタミンなどが多く含まれているからです。

ホウレンソウは、野菜にはめずらしく、雄花をつける雄株、雌花をつける雌株があります。イチョウに、実であるギンナンをつける雌株と、つけない雄株があるのと同じです。これらは、雌株と雄株が異なる株なので、「雌雄異株」といわれます。

しかし、雄株であっても雌株であっても、花が咲くまでに味や成長、形態に差異はなく、それまでに食べるので、実際の栽培の上では、区別されることはありません。アスパラガスやフキノトウ、ヤマノイモも雌雄異株の野菜です。

ホウレンソウは横に寝かせて置いておくと、エチレンという気体が多く発生して、鮮度が早く落ちることがよく知られています。そのため、八百屋さんやスーパーマーケットでは、この野菜は立てて売られていることが多いです。

「寒じめホウレンソウ」というのがあります。このホウレンソウは、冬に、暖かい温室で栽培されています。ところが、出荷前に、わざわざ一定期間、温室の中に冬の寒風が吹き入れられ、ホウレンソウは寒さにさらされます。植物に糖分を増やさせ、甘みを増加させることが目的です。

この植物は寒さにさらされると、寒さに耐えるために、葉っぱの中に糖分を増やすからです。これは、冬の寒さに耐える多くの植物に共通のものです。ですから、他の野菜でも、たとえば、冬の寒さを通り越したダイコンやハクサイ、キャベツなどは、「甘い」といわれます。糖分が増えて、甘みが増しているのです。寒さに出会って増える主な物質は、糖分です。でも、水に溶けて凝固点降下（ダイコンの項参照）をもたらす物質、たとえば、アミノ酸やビタミン類なども増えるので、甘くなるだけでなく、「味が濃くなる」「旨みが増す」などといわれます。

わざわざ、寒さにさらすことで、野菜の旨みを増やさせることは、ホウレンソウだけに限りません。「雪中キャベツ」というのがあります。これは、長野県小谷村伊折《おたりむらいおり》地区で実践されている甘いキャベツの栽培法で生まれたものです。栽培されているキャベツにそのまま雪が積もり、雪に埋まって熟成されたあとで掘り出して収穫したキャベツです。そのまま食べても甘さが感じられるといわれます。「雪下ニンジン」と呼ばれるニンジンが、早春に出荷されます。これは、秋に収穫されずに、冬の寒い間、雪の下に埋められてきたニンジンです。とても甘く、糖度は、ふつうのニンジンの二倍にもなるといわれます。

富山県では、厳しい冬の寒さを生かしてキャベツ、ニンジン、ダイコン、ネギ、ホウレンソウなどを、〝カンカン野菜〟と銘打って、販売の促進に努めています。カンカンとは、「寒」と「甘」であり、厳しい寒さの中で育ったために甘くなったという意味です。

Q「天国のリンゴ」とは？

これは、南アメリカのアンデス山脈の高地が原産地であり、世界中で栽培されるナス科の野菜です。ヨーロッパには、「この野菜が赤くなると、お医者さんが青くなる」とか「これのある家には胃腸病なし」という言い伝えがあります。フランスやイギリスでは「愛のリンゴ」、イタリアでは「黄金のリンゴ」、ドイツでは、「天国のリンゴ」という呼び名があります。ヨーロッパでは、古くから愛されていました。

日本では、明治時代の後期に食用として栽培されるようになりました。古くは中国名の「蕃《ばん》茄《か》」と書かれることもありました。この野菜は、「よく食べられている野菜のランキング」では、第七位です。

農林水産省から、主要農産物の産出額ランキング（平成二六年）が発表されています。これでは、コメや肉、卵を含めて、日本で多く産出される農産物が五〇位まで公表されています。この野菜は、コメ、生乳、豚、肉用牛、鶏卵、ブロイラーに続いて第七位です。野菜だけを選び出した産出額ランキングでは、ベストワンです。この野菜は、それだけ多く食べられているということです。

さて、この野菜は何でしょうか。

A この野菜は、トマトです。

いろいろな植物の日が、名前との語呂合わせで決まっています。たとえば、「ゴーヤの日」は、五月八日です。ゴ（五）ーヤ（八）の語呂合わせです。「ニンニクの日」は、二月二九日です。ニ（二）ンニク（二九）の語呂合わせです。また、「野菜の日」は、八月三一日です。八（や）月三（さ）一（い）の語呂合わせです。トマトの日は、ト（一〇）マト（一〇）の語呂合わせで、一〇月一〇日なのです。

「なぜ、トマトが『愛のリンゴ』や『黄金のリンゴ』『天国のリンゴ』とよばれるのか」という疑問があります。トマトに、リンゴの味がするわけではありません。トマトが「リンゴ」とよばれるのは、健康を守るはたらきが高く評価されていたからです。

ヨーロッパには、値打ちが高い野菜や果物を「リンゴ」とよぶ習慣があるのです。値打ちが高いといっても、「値段が高い」ということではありません。栄養があり、私たちの健康にとって価値があるという意味です。ですから、ジャガイモが「大地のリンゴ」といわれます。

トマトを食べれば、健康が維持され増進されることが古くから知られていたのです。だからこそ、「トマトが赤くなると医者が青くなる」だけでなく、「トマトのある家に胃腸病なし」と言い伝えられてきたのです。

トマトの印象的な真っ赤な色は、栄養が豊かなことと関連があります。「トマトが真っ赤であることに、どんな意味があるのか」と不思議がられることがあります。完熟したトマトの色が真っ赤であることの一つの意味は、動物に食べてもらうためです。

トマトは、赤くなって、動物に「もうおいしくなっている」ことを知らせて、食べてもらって、種子を飛び散らしたり、どこか遠くにもっていってもらったりして、糞といっしょにまいてもらおうとしているのです。そうすれば、自分が動くことなく、新しい生育地を得ることができるからです。

それだけではなく、あの真っ赤な色にはもう一つの大切な意味があります。赤い色素は、英語で「リコペン」、ドイツ語で「リコピン」とよばれる物質です。トマトが赤いのは、カロテンという黄褐色の色素とともに、この物質のおかげです。

トマトは、暑い夏に、太陽の光が照りつける中で育ちます。太陽の強い光と、その光に含まれる紫外線が植物に当たると、からだの中に活性酸素が生まれます。これは有害な物質で、私たち人間には、肌を老化させ、シミ、シワ、白内障や皮膚がんなどの原因となります。

そのため、私たちはサングラスをかけたり日焼け止めクリームをぬったりして、紫外線が当たらないようにします。でも、植物たちはそんなことをしません。それでも、日焼けをしていません。

活性酸素は、植物にも有害です。たとえば、パラコートという除草剤は、「スーパーオキシド」という活性酸素を発生させます。草がたくさん生えているところにパラコートをまいておいたら、二〜三日後には全部の草が枯れます。これが活性酸素の毒性です。

ですから、トマトは、多くの紫外線を含んだ強い太陽の光が当たれば当たるほど、活性酸素の害を除去するために、多くのリコペンをつくり、ますます赤くなるのです。リコペンは、紫外線に当たることによりからだの中で発生する活性酸素という有害な物質の害を消し去る作用をする「抗酸化物質」の一つです。

トマトがこの作用をもつ物質を多く含んでいる理由は、わかりやすいです。トマトは、実の中に、多くの種子をもっています。その種子を紫外線の害から守るために、皮にも果肉にも、多くのリコペンをつくっているのです。リコペンは、スイカや赤い果肉のグレープフルーツにも多く含まれています。その中でも含有量の高いのは、真っ赤に熟したトマトです。

トマトを原材料とするトマトジュースやトマトケチャップは、真っ赤な色をしています。生で食べるトマトの色とはずいぶん違います。そのため、「トマトジュースやトマトケチャップは、着色剤が使われているのではないか」と疑われることがあります。でも、原則として、着色剤は使われていません。あの真っ赤な色は、トマトの天然の色なのです。

トマトには、黄色系、桃色系、赤色系の品種があり、トマトジュースやトマトケチャップの原料となる加工用のトマトは、赤色系の真っ赤なトマトなのです。ですから、完熟すればリコペンを多く含んだ真っ赤なトマトになります。同じトマトでも、八百屋さんやスーパーマーケットなどで市販されている生食用の桃色系のトマトより、加工用の真っ赤なトマトには、多くのリコペンが含まれています。

リコペンという名称は、トマトの古い学名「リコペルシコン・エスクレンタム」に由来します。ラテン語で「リコペルシコン」は「狼のモモ」の意味であり、「エスクレンタム」は「食べることができる」という意味です。だから、トマトの古い学名は、「食べられる狼のモモ」を意味しています。

トマトの現在の学名は、「ソラナム・リコペルシクム」です。「ソラナム」は、安静や鎮静の意味をもち、ナス属を指します。「リコペルシクム」はやっぱり、「狼のモモ」の意味です。そのため、なぜ、「狼」なのかは気になります。

トマトの原種の自生地は、南アメリカ大陸の太平洋側を南北に貫いて走る大山脈、アンデスの高地です。「そんな過酷な場所に生える、この植物の生命力とたくましさを狼にたとえた」という説があります。

トマトは野菜ジュースに入っていますが、トマトは野菜なので気になりません。ところが、トマトジュースには「果汁」と書いてあります。「果汁」は果物の汁ですから、ちょっと気になります。この場合、トマトは果物ということになります。「トマトは、野菜か、果物か」という疑問がおこります。

この疑問は、一九世紀末、アメリカで裁判にもなっています。当時のアメリカでは、果物なら関税がかからず、野菜なら関税がかかるという背景がありました。それゆえ、役人は「野菜」として関税をかけようとし、輸入業者は「果物」と主張して税を逃れようとしました。

裁判の結果は、「この食べ物は、野菜である」となりました。判決理由は、わかりやすいものでした。「この食べ物は、果樹園ではなく、野菜畑で育てられる。また、食後のデザートにはならない」と述べられました。多くの人々が納得する判決でした。

日本では、農林水産省が「野菜」をいくつかに分けています。その一つに、「果菜類」という語があり、実の部分を食用にする野菜を指します。トマトをはじめ、ナス、キュウリ、カボチャ、オクラ、ピーマンなどがこの仲間です。

トマトでは、従来のトマトに比べて、カロテンをたっぷりと含んでオレンジ色をしているミニトマトや、リコペンの含有量が一・五倍や二倍になったトマトが開発されています。カロテンやリコペンのような抗酸化物質は、機能性成分や機能性物質とよばれることがあり、そのような成分を多く含む野菜に、機能性野菜という言葉が使われることがあります。

二〇一二年二月、突然、トマトジュースが売り切れ、トマトが品薄状態になる騒ぎがおこりました。この原因は、その数日前、「トマトが中性脂肪を燃やす効果がある」というトマトの機能性に関する研究成果が新聞などのメディアで報道され、その際の見出しが、「トマトで脂肪燃焼」、あるいは「トマトでメタボ改善」などであったことでした。

京都大学の研究グループが、トマトに含まれる物質が、中性脂肪の値を下げるという機能性をもつことをマウスを使った実験で確認したのです。その物質の名前は、「13‐オキソ‐9，11‐オクタデカジエン酸（13-oxo-9, 11-octadecadienoic acid）」でした。

マウスに与えられたトマトの量を人間の体重に置き換えると、毎食後、コップ一杯（約二〇〇ミリリットル）のトマトジュースを飲めば、同じ効果が得られ、メタボの予防になることが期待されました。そのため、たちまち、トマトジュースはスーパーマーケットで品切れになり、野菜売り場ではトマトが売り切れたのです。

ところが、この話にはちょっと気になることがあります。トマトジュースなら、多くのアメリカ人がよく飲んでいます。アメリカ人がトマトを食べる量は、一人一年間約四五キログラム、日本人は一人約四・五キログラムで、十分の一ぐらいです。

アメリカ人には、メタボの人が多くないのでしょうか。人間の肥満度を示す単位に「ボディ・マス・インデックス（ＢＭＩ）」というのがあります。これは、キログラムで表した体重を、メートル単位で表した身長で割り、その数字をもう一度身長で割れば出てくる値です。

たとえば、体重五〇キログラム、身長が一五〇センチメートルの人で、ＢＭＩを算出しましょう。体重をキログラムで表した五〇を、身長をメートル単位で表した一・五で割り、その答えをもう一度一・五で割ります。すると、約二二という数字が出てきます。

この数字が二二ぐらいが理想の体型といわれています。この値が三五を超えると、肥満といわれます。ところが、アメリカ人で三五を超える肥満の人は、約三五パーセント、日本人ではこの値は三・五パーセントです。メタボを予防するというトマトを多く食べても、決してメタボの予防ができるとは限りません。

トマトを多く食べることで、中性脂肪が燃やされていないのです。これは、アメリカのトマトが悪いのではありません。トマトに含まれる物質の恩恵を受けるためには、それなりの節制が必要なことを意味しているのです。機能性物質の効果というのは、節度のある量と質でバランスのとれた食生活の中で、初めて生きてくるものでしょう。

二〇一五年四月一日に、機能性表示食品制度がスタートしました。二〇一六年、ある企業が、高リコピントマトを使用したトマトジュースに「血中コレステロールが気になる方に　機能性表示食品」と表示して発売しました。その結果、出荷量が前年同期比で、三倍以上になったということです。

今後、ますます、野菜や果物の機能性と、それをもたらす物質については注目されるでしょう。

Q 「冬至に食べると、中風にならない」といわれるのは？

これはウリ科の植物で、原産地はアメリカです。日本には、江戸時代にカンボジアから伝えられました。そのことが、この野菜の名称につながっています。

同じウリ科のキュウリやゴーヤ、スイカの接ぎ木の台木として、これらの植物を支えます。キュウリやゴーヤ、スイカが、毎年同じ場所で栽培される「連作」に弱いのに対し、この野菜は、連作に強いからです。

英語では、「パンプキン」という名前がよく知られていますが、これは、オレンジ色と黄色のものに限られます。私たちがふつうに食べているこの野菜の英語名は、「スクウォッシュ」です。

この野菜は、「よく食べられている野菜のランキング」では、第九位です。「冬至に食べると、病気にならない」とか「冬至に食べると、中風にならない」といわれます。夏の野菜ですが、日持ちがよく、野菜が不足しがちな冬至のころに、栄養が豊富なので食べられるのです。

毎年、この野菜の果実の大きさを競う大会が行われます。そこでは、五〇〇キログラムを超える果実が出品されます。日本だけではなく、世界的な大会があり、二〇一六年、一〇〇〇キログラムを超えるものが出品されました。

さて、この野菜は何でしょうか。

A この野菜は、カボチャです。

カボチャは、一六世紀、カンボジアから日本にもたらされたので、名前は「カンボジア」に由来して、「カボチャ」とよばれるようになりました。

カボチャは、漢字で書くと南瓜で、「瓜」という字が入り、スイカ（西瓜）の場合も「瓜」、キュウリ（胡瓜）の場合も「瓜」がつく、ウリ科の仲間です。これらの仲間の中で、カボチャは、病気に強く連作もきくので、スイカとかキュウリの「接ぎ木」の「台木」として仲間を守り支えることもあります。

カボチャは、接ぎ木の台木として、仲間を守り支えるだけでなく、私たちの健康を守り支えてくれる〝ありがたい〟野菜です。冬至にカボチャを食べると、「病気にならない」とか「中風にならない」「風邪をひかない」といわれます。

冬至に食べると病気にならないといわれる理由は、この真っ黄色の実の中にあるカロテノイドという栄養成分のおかげです。「若返りのビタミン」といわれるビタミンEも入っています。これは、野菜の不足する冬にビタミンAやビタミンCを補給する日本人の知恵です。

私たちは、「カロテンやビタミンCを多く含み、保存が利く」というカボチャの特性を、古くから生かしてきたのです。カロテンは、抗酸化物質としてはたらきますが、ビタミンAが不足すると、ビタミンAに変換する性質があります。

カボチャは、カロテン、ビタミンCを多く含んでおり、これらには、かなりの抗酸化作用が期待できます。さらに、カロテノイドの一種であるキサントフィルが含まれていて、これも強い抗酸化能力があり、有害な活性酸素のはたらきを抑えます。だから、カボチャは、健康にいいのです。

カボチャは、運がつくといわれる食材の仲間です。レンコンやギンナン、ニンジンなどと同じように「ン」が二回つく「ん（運）」のつく野菜なのです。「レンコンやギンナン、ニンジンなどには、『ん』が二回つくのはわかるが、カボチャには、『ん』がつかないではないか」と思われるかもしれません。

ところが、カボチャは、「ナンキン（南瓜）」という別名をもっています。これには、「ん」が二回つきます。ですから、カボチャは、病気にならないで、運がつくという〝ありがたい〟野菜なのです。

「ジャンボカボチャ」といわれたり、「ドデカボチャ」といわれたりする、大きなカボチャがあります。たとえば、重さが四〇〇キログラムを超え、胴回りは四メートル以上です。中は空洞で、食べようと思ってもおいしくないといわれています。

「『ドデカボチャ』ではなく、『ドテカボチャ』の間違いではないか」との疑問があるかと思います。でも、この場合は、「ドデカボチャ」が正しいのです。ドデカボチャは、「どでかいカボチャ」の意味です。

「ドテカボチャ」というのもあります。これは、カボチャ畑ではなく、川の土手でつくられるカボチャです。多くの場合、肥料や水が十分に与えられないので、おいしくなく、このカボチャは食用には役に立ちません。そこで、ドテカボチャは、「役立たず」を意味する語として使われます。

毎年、「日本一　どでカボチャ大会」というのが、九月に、香川県の小豆島で開催されます。全国から、大きなカボチャが集まってきます。二〇一六年、第一位になったカボチャは、重さ四六二・六キログラム、胴回り約四三〇センチメートル、高さ約九〇センチメートルでした。

ふつうのカボチャは、小さければ約一キログラム、大きいので約二キログラムですから、このカボチャは大きめのカボチャの二〇〇個以上の重さということになります。これは、「アトランティック・ジャイアント」という特別の品種のカボチャが栽培されたものです。

一本の株に、一個のカボチャが実るように栽培されます。カボチャは、一日に、二〇キログラムも重くなるといわれます。どこまで大きくなるのかと気になりますが、この大会には、世界大会もあるようです。そこで優勝するには、二〇〇〇ポンド（約九〇七キログラム）を超えることが、目安になるといわれます。二〇一六年一〇月九日、ドイツで開かれた大会に、世界記録になる、一一九〇キログラムのカボチャが出品されました。

Q「二年二八期作の野菜」とは？

これは、ヨーロッパ原産のキク科の植物です。といっても、古代エジプトで栽培されていたともいわれます。古くから栽培されているものは、現在食べている丸く結球しているものではなかったようです。

日本でも、奈良時代から栽培されていたといわれますが、これは、「チシャ」とよばれたもので、結球はしていませんでした。結球したものは、江戸時代末から、明治時代にかけて、伝えられたとされます。

この野菜は、「よく食べられている野菜のランキング」では、第一〇位です。これは、キャベツ、ハクサイと同じ、葉が丸く重なり合って玉になる「三大結球性野菜」の仲間です。でも、キャベツ、ハクサイがアブラナ科の植物であるのに対し、これはキク科の植物です。

この野菜は、花が咲くまでに収穫されて食べられてしまうために、花を目にすることは稀です。しかし、葉を食べずに花を咲かすまで栽培して、花を見れば、多くの小さな花が集まって、大きな目立つ花を咲かせるという、キク科の花の特徴を備えており、キク科に属することは一目瞭然です。

さて、この野菜は何でしょうか。

A この野菜は、レタスです。

レタスの葉や茎を切ると、白い乳液が出ます。そのため、レタスは、「乳草」とよばれ、「ちちくさ」という音が「ちしゃ」になったといわれます。中国では、この「ちしゃ」に「萵苣」という漢字が当てられました。

この野菜は、結球して玉になるので、「玉萵苣」とも書かれました。この植物の学名は、「ラクツカ・サティバ」で、「ラク」は、白い乳液を意味し、「サティバ」は栽培されるという意味で、「乳液を出す栽培される植物」という意味です。

レタスには、精神を安定させ、眠りを誘う成分が含まれます。その成分は、「ラクチュコピクリン」という名前の物質です。「ラクチュコピクリン」はレタスの属名「ラクツカ」と「苦い、苦み」を意味するギリシャ語の「ピクロス」とからなっています。この物質のはたらきのため、昔から、「鎮静作用がある」「催眠効果がある」「浮気封じに効く」「恋の炎を鎮める」「頭の疲れを癒す」といわれてきたのです。

レタスの花は、多くの小さな花の集まりで、キク科の花の特徴を備えています。花びらのように見える一枚一枚が、一つ一つの花なのです。この花の一枚の花びらが平らで舌のように見えるので、「舌状花」といわれます。舌状花に囲まれて、管のような「筒状花」があります。

レタスは、植物工場で栽培される代表的な野菜です。「植物工場」というのは、文字通り、植物を栽培する工場です。大規模なものはビルのような建物をすべて使いますが、小規模のものは、ビルの一室の場合もあります。

最近では、都会のビルの地下室に出現したり、小屋のような小型のものがつくられたりして、注目を集めています。主に、レタス、サラダナ、カイワレダイコンなどが栽培されています。これらは、比較的、栽培期間の短い野菜です。

植物工場の中では、温度や湿度が制御され、与える水や肥料の量が調節され、一日二四時間、連続的に照明して、野菜を栽培します。そのため、植物工場での野菜の生産は、雨や温度、日照時間などの気象条件に影響を受けません。近年の光源は、発光ダイオードが使われています。

そのため、一年中、天候に左右されずに野菜を育てることができます。おかげで、安定した品質の野菜を、計画的に定量的に出荷できます。長い間、雪に閉ざされるような地域でも、この栽培方法でなら、年間を通して新鮮な野菜の栽培ができるのです。

レタスの場合、植物工場での栽培工程は、発芽、育苗、栽培の三期に分けられます。発芽から、小さな葉が出るまでは、四～六日間です。それを、二～三週間育てると、本格的な栽培に入る苗になります。これをさらに、二～三週間栽培すると、収穫できるほどに成長し、出荷されることになります。

一年の間に、同じ土地（場所）で、同じ種類の作物を二回栽培する場合、「二期作」といいます。たとえば、春早くからイネを栽培し、夏には収穫して、再び田植えをし、秋遅くに収穫する場合、「おコメの二期作」といいます。

ですから、植物工場で、このようにレタスを栽培すると、一年に二〇期作とか、年間二八期作が可能になります。年間二八期作といわれる場合は、育苗のあと、約一三日間の栽培で収穫、年間二〇期作の場合は、約一八日が栽培期間です。

植物工場で、レタスは、二〇期作とか、年間二八期作ではなく、「二〇毛作」とか「二八毛作」とかいわれることがあります。しかし、二毛作という語は、一年の間に、同じ土地（場所）で、異なる種類の作物を栽培する場合、「二毛作」といいます。

たとえば、春から秋まで、おコメを栽培し、秋から春までにムギを栽培する場合などです。だから、植物工場でも、レタスばかりを栽培するのなら「期作」が正しい表現であり、レタスやカイワレダイコンを混ぜるのなら、「毛作」が正しいことになります。

二〇一四年夏、「宮城県多賀城市に、発光ダイオードで照明された『世界最大規模の植物工場』が完成した」と報道されました。「世界最大規模」とは、「どのくらいか」と、興味が引かれました。「一日に約一万株のレタスを出荷できる能力をもつ野菜工場」と発表されました。

この工場では、レタスの場合、種まきをしてから、ほぼ一ヵ月間で、市販されるサイズのものが収穫できるというものでした。

② よく食べられている野菜のランキング 第一一位～第二〇位

Q 名前の由来が「江戸の小松川」とされるのは?

この野菜は、アブラナ科の野菜で、中央アジアやヨーロッパを原産地とするカブのような野菜から品種改良されて、日本で生まれたと考えられています。現在では、ホウレンソウ、シュンギクとともに、「非結球性の三大青菜」の一つです。この野菜は、「よく食べられている野菜のランキング」では、第一七位です。

江戸時代、小松川村（現在の東京都江戸川区）を訪れた将軍が、そこに栽培されていた青菜を気に入り、村の名にちなんで名前をつけたといわれます。ウグイスがさえずるころ（三～四月）から出まわり、色もウグイスと似ていることから、「ウグイスナ」の別名があります。

冬が旬の野菜で、関西では「畑菜」ともよばれることがあります。花言葉は、元気のある緑の葉っぱから想像されるのか、「快活な愛」や「小さな幸せ」といわれます。

さて、この野菜は何でしょうか。

A この野菜は、コマツナです。

コマツナは、代表的な緑黄色野菜で、栄養が豊富です。特に、カルシウム含有量が多いです。カルシウムを多く含むといわれる牛乳は、一〇〇グラム当たり、一一〇ミリグラムですが、コマツナは、生の状態で一七〇ミリグラムです。

「コマツナ」は、江戸時代、栽培されていた小松川村を鷹狩りに訪れた将軍により、命名されたといわれます。さて、その将軍なのですが、五代将軍の綱吉、あるいは、八代将軍の吉宗の二つの説があります。

冬に出荷されるコマツナは、温室で栽培されています。「寒じめホウレンソウ」で紹介したのと同じように、コマツナでも、出荷前に、わざわざ一定期間、温室の中に冬の寒風が吹き入れられ、寒さにさらされるものがあります。それによって、甘みや旨みが増えます。ダイコンの項で紹介した凝固点降下という現象を利用したものです。それが、「寒じめコマツナ」とよばれるものです。

食用部が地中にあるダイコンやニンジンでも、また、緑の葉っぱで冬の寒さに耐える植物でも、同じしくみで、冬の寒さをしのいでいるのです。冬の寒さに出会わねばならない地域に生きる植物たちは、冬の寒さをしのぐための術を心得ているのです。植物がこのしくみをもっているおかげで、おいしく食べられるのです。〝ありがたい〟と感服せずにはいられません。

Q「グリーン・ペッパー」とは？

これは、南アメリカの原産の植物ですが、現在では、世界中で栽培されています。トウガラシの一つの変種であり、ナス科の植物です。日本には、江戸時代に、ポルトガル人によってもたらされたとされます。この野菜の名前は、フランス語の「ピマン・ドゥ」に由来します。

英語では、トウガラシの「レッド・ペッパー」に対して、これは「グリーン・ペッパー（緑色のコショウ）」といわれます。トウガラシが、「辛い（ホット）」を意味する「ホット・ペッパー」に対しては、「甘い（スイート）」を意味する「スイート・ペッパー」とよばれることもあります。果実が鐘のような形から「ベル・ペッパー」ともよばれます。

この野菜は、「よく食べられている野菜のランキング」では、第一四位です。果実を食用にする野菜ですが、果実には大きな空洞があり、印象的です。熟せば、真っ赤になります。鼻を摘んで食べると、青臭さがなくなるといわれます。

この野菜によく似たものに、パプリカがあります。これは、ナス科トウガラシ属の仲間です。パプリカという名前は、英語ではなく、ハンガリー語です。日本には、一九九〇年代に輸入されるようになった新しい野菜です。

さて、この野菜は何でしょうか。

A この野菜は、ピーマンです。

ピーマンは、若い果実を食用としており、完熟すると、真っ赤になります。家庭菜園で、この野菜を栽培された方なら、収穫し忘れて真っ赤なピーマンに出会う経験をされたことも多いでしょう。真っ赤なピーマンには、カプサンチンという物質が多く含まれており、シミを防ぐ効果があるといわれます。

十数年前、メキシコで栽培されている「ハラペーニョ（ハラペノ）」という品種のピーマンの中に、突然変異で辛みをなくしたピーマンが見つかりました。これをきっかけに、近年、ある種苗会社が、苦みのないピーマンの品種をつくりだしました。

ピーマンには、ビタミンCやカロテンなどの健康に良い物質が多く含まれています。そのため、子どもたちに食べさせたい野菜の一つです。でも独特の苦みがあるために、子どもたちに敬遠されることが多いです。そこで、もし苦みのないピーマンが普及すると、多くの子どもたちにも食べてもらえると考えられたのです。

ところが、「ピーマンの苦みは、どんな物質によるものか」については知られていませんでした。そこで、苦みをなくした新しいピーマンと苦みのある従来のピーマンとで、どんな成分に違いがあるのかが調べられました。

すると、苦みをなくしたピーマンにはほとんど存在せず、苦みのあるピーマンには多く含まれている「クエルシトリン」という物質が、浮かび上がりました。これは、ドクダミに含まれているることがよく知られている物質です。ところが、この物質の苦みが調べられると、渋みはあるのですが、苦みはありませんでした。

そこで、苦みの正体がさらに追究されました。その結果、クエルシトリンがピーマンの香りと一緒になったときに、「苦い」と感じられることがわかりました。香りは苦みのあるピーマンにも苦みのないピーマンにもありますが、クエルシトリンは苦みのないピーマンにはありませんでした。そのため、苦みは感じられないということになります。

ピーマンの香りの主な成分は、「ピラジン」という物質です。この物質の香りを感じなければ、苦みのあるピーマンを食べても苦くないということになります。昔から「鼻を摘んで香りを感じないようにして、苦みをもつピーマンを食べると苦みを感じない」といわれてきました。「ほんとうに、そのようなことがおこるのか」と疑わしく思われてきました。しかし、この説に、科学的な根拠が与えられたことになります。

ピーマンの中は、空洞です。「なぜ、空洞なのか」と疑問に思われます。ピーマンを切るとからっぽで、その中に種子があります。人間は外の緑の皮のところを食べるので、種子は食用として大切ではありません。でもピーマンにとって種子は子どもですから、種子の方が大切なのです。

ピーマンは南アメリカの熱帯地方という、太陽の光がひじょうに強いところの出身です。そこはものすごく暑くて、紫外線が強いのです。紫外線は、人間に当たったら日焼けをおこすように、植物にも悪いことをします。だから、ピーマンは種子を守るために、外の皮で熱と紫外線を防いで、種子を守っているのです。

実の中では、空気を入れてカラッポにしておくと、空気が熱を伝えにくくして、外の熱が種子まで届きにくくなります。空冷式といえます。皮と種子の間に空気があるから、熱が直接に届かないので、涼しいのです。原産地で自分の種子を強い太陽の光からどうやって守ろうかと考えた末、身につけたしくみなのでしょう。

家庭菜園などで、ピーマンを栽培するのは、比較的容易です。栽培してみると、不思議なことに出会います。花が咲けば、花びらの数を数えてみてください。ふつうは、五枚です。ところが、稀に六枚のものがあります。

花びらが五枚の花にできる果実は、頭の部分を見ると五角形なのですが、花びらが六枚の花にできる果実は、頭の部分を見ると六角形になっています。花弁の枚数が違う花が、ふつうに咲くのです。もっと稀ですが、七枚のものが咲くこともあります。

花びらの枚数が多かった花にできるピーマンの果実ほど、おいしいといわれます。

Q スプラウトの「人気ナンバー・ワン」とは?

この野菜は、ダイコンやハクサイと同じアブラナ科の植物で、原産地はイタリアを中心とする地中海沿岸です。日本には、明治時代に、カリフラワーとともにもたらされました。しかし、一般的に、食用として普及するのは、第二次世界大戦以後です。

この野菜は、「よく食べられている野菜のランキング」では、第一三位です。この野菜は、茎も食用になりますが、緑色のツボミばかりが食べられる野菜でした。ところが、近年は、この野菜は、「スプラウト」として人気になりました。

スプラウトは、日本語では、「発芽野菜」といわれます。これは、種子が発芽したばかりの芽生えのことです。身近なものでは、カイワレダイコンがスプラウトの代表です。種子は、発芽するときに、貯蔵していた養分を使って、成長していくためのビタミンやタンパク質などの物質をつくります。そのため、発芽をはじめた芽生えは、種子のときより、いろいろな栄養素を豊富に含み、健康に良いのです。また、芽生えは、強い太陽の光に当たって生きていかなければなりませんから、紫外線の害を消すための抗酸化作用のある物質などもつくります。そのため、私たち人間には、健康に良いということになります。

さて、この野菜は何でしょうか。

A この野菜は、ブロッコリーです。

ブロッコリーは、アブラナ科のダイコンやハクサイの仲間ですが、緑色の多くのツボミをもつ、一風変わった姿の野菜です。このツボミとそれをつけている柄の部分が、この野菜の食用部分です。よく似たものが、緑色のツボミではなく、多くの白色のツボミを食用部分とするカリフラワーです。これは、ブロッコリーと同じダイコンやハクサイの仲間ですが、明治時代の初期に日本に渡来しています。

「ブロッコリーの食用部の一株に、何個のつぼみがあるのか」と気になる人も多いでしょう。あるテレビ番組で数えられました。その結果、そのときの一株には、三万数千個のつぼみがありました。

この野菜は、ツボミばかりが食べられるものでしたが、最近では、「スプラウト」の「人気ナンバー・ワン」となっています。スプラウトには、古くから、光を当てないで育てるモヤシがありました。芽生えに光を当てて育てるスプラウトなら、カイワレダイコンがあります。

ですから、「スプラウト」という新しい言い方をすると、新しい食材のような印象をもたれます。しかし、スプラウトの先駆者は、昔からあるモヤシです。モヤシの場合、光を当てないで真っ暗の中で発芽させますから、厳密には、ブロッコリーのスプラウトとは違います。スプラウトの元祖になるのは、カイワレダイコンなのです。

わざわざ発芽させてスプラウトの状態で食べるのは、発芽しない種子の状態で食べるより、多くの栄養のある物資がつくられているからです。種子が芽生えとして成長していくために、種子の中にあった貯蔵物質を、成長に必要な物質に変えているためです。

スプラウトとして食べられる野菜の種類には、アルファルファやゴマや青シソ、豆苗、ソバ、レッドキャベツ、カラシナなど、いろいろあります。その中で、ブロッコリーが「人気、ナンバー・ワン」になる秘密は、一九九二年に、アメリカのジョンズ・ホプキンス大学の研究者が、「スルフォラファン」という成分が、ブロッコリーのスプラウトに多く含まれることを見出したことです。

この物質は、抗酸化作用をもつだけでなく、「発がん物質を無毒化したり、発がん物質を体外へ排出したりする」といわれます。この物質は、緑色のツボミを食べるブロッコリーにも含まれているのですが、スプラウトには、約二〇倍も含まれていると発表されました。

ブロッコリーは、スプラウトであまりに有名になっていますが、成長したあとも、りっぱな緑黄色野菜として、私たちの健康に役立ちます。緑黄色野菜というと、色の濃い野菜を思い浮かべます。そのため、この植物の外見の深い緑色から想像できるように、ブロッコリーはりっぱな緑黄色野菜です。

緑黄色野菜は、「カロテノイド類をたくさん含む色の濃い野菜」の呼び名です。以前は、「可食部一〇〇グラムにつき、カロテン六〇〇マイクログラム以上を含む野菜」と決められていました。

一グラムの一〇〇〇分の一の重さが一ミリグラムで、一ミリグラムの一〇〇〇分の一の重さが一マイクログラムです。ですから、一マイクログラムというのは、一グラムの百万分の一の重さです。ブロッコリーは、一〇〇グラムにつき、七二〇マイクログラムものカロテンを含むので、以前から、りっぱな緑黄色野菜です。

また、ブロッコリーは、ビタミンCの含有量が多いので、野菜ジュースの素材として多用されます。ビタミンCを多く摂取できるものとしてあげられるものは、イチゴ、レモン、カキ、キウイなど、果物が多いです。「野菜には、ビタミンCを多く含むものが少ないのだろうか」と、不思議がられることもあります。

しかし、食品栄養成分表を調べてみれば、ビタミンCを多く含む野菜はいろいろあります。ブロッコリーはその代表です。ピーマンやパセリとともに、ビタミンCの含有量は野菜の中のトップクラスです。

ところが、野菜は、炒めたり、ゆがいたり、蒸したりして調理されるため、ビタミンCは熱で分解されたり、水やお湯に溶けたりしてしまいます。それゆえ、野菜のビタミンCを失うことなく利用できるのは、野菜ジュースの素材として使うことであるといわれます。

Q「青梗菜」とは？

これはアブラナ科の野菜で、原産地は中国です。古くに日本に伝えられた中国原産の野菜は、ダイズやハクサイがありますが、これは、一九七〇年代の日中国交回復のころに伝えられ、一九八〇年代に多く栽培されるようになりました。

和名は、「タイサイ（体菜）」です。この野菜は、日本に伝えられて、まだ、年月の浅い野菜ですが、「よく食べられている野菜のランキング」では、第二〇位に食い込むほど、私たちの食生活になじんできています。

葉の葉柄が緑色を帯びているので、漢字では「青梗菜」と書かれます。「梗」という文字は、芯の硬い茎を意味します。蒟蒻や牛蒡などとともに読みにくい漢字の一つです。書くことはなおさらむずかしい名前です。

日本での現在の主な栽培地は、茨城県、静岡県、愛知県、群馬県、埼玉県などです。栽培の条件にもよりますが、種まきから収穫までは約二ヵ月ほどなので、栽培しやすく、家庭菜園などで栽培されています。ミニサイズのものなら、収穫まで約三〇日間と短いので、プランター栽培なども容易にできます。

さて、この野菜は何でしょうか。

A この野菜は、チンゲンサイです。

この野菜が、日中国交回復のころに日本に来たという割には、すでに「よく食べられている野菜のランキング」で第二〇位にランクされるほど、私たちの食生活になじんでいる理由は、主に三つに整理できます。

一つ目は、栄養が豊かなことです。カロテンやビタミンCが多く含まれているので、抗酸化作用が強い野菜です。また、ミネラルも豊富に含まれています。ナトリウムの排泄を促し高血圧を防ぐといわれるカリウムや、骨の成分となるカルシウムなどです。腸のはたらきを促し、便通をよくする食物繊維の含有量も多いのです。

二つ目は、日本で従来から食べられてきた、「非結球性の三大青菜」である、ホウレンソウ、コマツナ、シュンギクなどと、季節が重ならないことです。三大青菜は、主に冬に出まわりますが、チンゲンサイは、これらが品薄になりがちな、春から秋にかけても収穫できます。

三つ目は、どのような料理にも使えることです。炒めても、ゆがいても、蒸しても、おいしく食べられることです。しかも、和食、洋食、中華料理など、どの料理にでも容易に使えます。たとえば、和食なら、おひたしや天ぷらの素材として使えます。洋食なら、サラダやスープなどの食材となります。中華料理なら、中国から伝えられた野菜だけに、あんかけ料理や肉との炒め物に利用できます。

おわりに

私は、植物の生き方を、研究・教育の対象としてきました。そのため、私の著書では、多くの人々が感じられる、植物たちの〝ふしぎ〟、あるいは、植物たちの能力の〝すごさ〟、植物たちの生き方の〝あっぱれさ〟をテーマとして語ってきました。具体的には、次の通りです。

『ふしぎの植物学』(中公新書)では、植物たちの力を、〝ふしぎ〟という語に込めました。私たちが発展していると誇りにしている科学は、一枚の小さな葉っぱにも及んでいないことなど、この書では、「私たちは、植物の前にもっと謙虚になって、植物から多くのことを学ばなければならない」と紹介しました。

『植物はすごい』(中公新書)では、「植物たちが動きまわることなく自分のからだを守って生きる」という視点から、植物たちの生きる〝すごさ〟を紹介しました。「植物は、動きまわることができない」といわれます。でも動きまわることができないのではなく、動きまわる必要がないのです。植物が動きまわることなく、からだを守って生きるという、その生き方の〝すごさ〟がテーマでした。

『植物はすごい』の続編となった『植物はすごい　七不思議篇』（中公新書）では、身近な七種類の植物を取り上げました。そして、それらの植物に潜む〝すごさ〟と、それらを支える〝しくみ〟の〝すごさ〟を紹介する内容でした。

『植物のあっぱれな生き方』（幻冬舎新書）では、植物たちが子孫を残す知恵と工夫の〝あっぱれさ〟と、実り多き生涯を全うする〝あっぱれさ〟を紹介しました。そこで、植物たちの生き方を〝あっぱれ〟と讃《たた》えました。

しかし、多くの人々にとって、植物たちの生き方そのものよりも、私たち人間の暮らしの中での、植物たちとのかかわりに興味がもたれます。そこで、『植物は人類最強の相棒である』（PHP新書）において、〝相棒〟という語を用い、植物たちを〝人類最強の相棒〟と位置づけました。人間とともに長い歴史を歩んできた植物たちの足跡を認識し、植物たちの存在の大きさを評価しました。

植物たちは、現在の私たちの食生活の中で、主役です。本書では、多くの植物たちが、私たちの食生活で活躍してくれ、私たちの健康に貢献してくれていることに焦点を当てました。そして、植物たちに対して、こみあげてくる感謝の気持ちを〝ありがたい〟という語に込めました。

本書では、植物たちの〝ありがたさ〟を十分に味わっていただけたと思います。「はじめに」に書きましたように、その〝ありがたみ〟への気持ちが、私たち人間と植物たちとの共存・共生の関係を超えて、共に栄える〝共栄の時代〟となるはずみになってくれればと思っています。

最後に、原稿をお読みくださり、貴重な御意見をくださった、国立研究開発法人　農業・食品産業技術総合研究機構　畜産研究部門　高橋亘博士の多大なご協力に感謝いたします。『植物のあっぱれな生き方』に続いて、本書の編集も幻冬舎の木原いづみ氏のお世話になりました。私の植物への気持ちをご理解の上、読者に楽しんでもらえる内容に仕上げ、その内容にぴったりのタイトル『ありがたい植物』をつけてくださった氏に、心から感謝の意を表します。また、読者に届くまでお力添え、お骨折りをいただいた方々に厚く御礼申し上げます。

著者略歴

田中　修《たなかおさむ》

一九四七年京都府生まれ。京都大学農学部卒業、同大学大学院博士課程修了。スミソニアン研究所（アメリカ）博士研究員、甲南大学理工学部教授などを経て、現在、甲南大学特別客員教授。

主な著書に『植物のあっぱれな生き方』（幻冬舎新書）『植物はすごい』『植物はすごい〈七不思議篇〉』『雑草のはなし』『ふしぎの植物学』（すべて中公新書）、『植物は命がけ』（中公文庫）、『入門たのしい植物学』『クイズ植物入門』（ともにブルーバックス）、『植物学「超」入門』（サイエンス・アイ新書）、『植物は人類最強の相棒である』（ＰＨＰ新書）ほか。

幻冬舎新書 441

ありがたい植物
日本人の健康を支える野菜・果物・マメの不思議な力

二〇一六年十一月三十日 第一刷発行

著者 田中 修
発行人 見城 徹
編集人 志儀保博
発行所 株式会社 幻冬舎
〒一五一―〇〇五一 東京都渋谷区千駄ヶ谷四―九―七
電話 〇三―五四一一―六二一一(編集)
〇三―五四一一―六二二二(営業)
振替 〇〇一二〇―八―七六七六四三
ブックデザイン 鈴木成一デザイン室
印刷・製本所 株式会社 光邦

JASRAC 出 1613737―601

検印廃止

Printed in Japan ISBN978-4-344-98442-4 C0295
た-14-2

幻冬舎ホームページアドレス http://www.gentosha.co.jp/
*この本に関するご意見・ご感想をメールでお寄せいただく場合は、comment@gentosha.co.jp まで。